TEATRO I

Lucía Laragione

TEATRO I

COCINANDO CON ELISA
LA FOGARATA
EL SILENCIO DE LAS TORTUGAS
CRIATURAS DE AIRE
1° DE MAYO
EL GANSO DEL DJURGARDEN
EL REINO DE LAS IMÁGENES NÍTIDAS

Presentación y edición al cuidado de
Jorge Dubatti

Texto crítico de Lucía Garavito

ATUEL/TEATRO

Laragione, Lucía
    Teatro completo I - 1a ed. - Buenos Aires : Atuel, 2006.
    176 p. ; 20x14 cm. (Atuel. Teatro)

    ISBN 987-1155-28-X

    1. Teatro Argentino I. Título
    CDD A862

ISBN 978-987-1155-28-6

*REALIZADO CON EL APOYO DEL FONDO CULTURA B.A. DE LA
SECRETARÍA DE CULTURA DEL G.C.B.A.*

Colección: **ATUEL/Teatro**

Dirigida por *Jorge Dubatti*

Diseño de tapa: [estudio dos] comunicación visual
Diseño y composición: *Pablo de la Cruz Fernández*
Corrección: Nora Lía Sormani

Hecho el depósito que marca la ley 11.723

IMPRESO EN ARGENTINA
PRINTED IN ARGENTINA

PRESENTACIÓN

Jorge Dubatti

Reunimos en este volumen siete piezas teatrales de Lucía Laragione (Buenos Aires, 1946), destacada exponente del nuevo teatro argentino y narradora especializada en literatura infantil y juvenil. Las obras incluidas corresponden a su producción para adultos dada a conocer hasta hoy: *Cocinando con Elisa, La fogarata, El silencio de las tortugas, Criaturas de aire. 1º de Mayo, El ganso del Djurgarden, El reino de las imágenes nítidas.*

Formada con los maestros Jaime Rest, Santiago Kovadloff, Tamara Kamenszain y Mauricio Kartun, Laragione ingresó a la dramaturgia a la vez tardíamente y "por la puerta grande": su primera obra, *Cocinando con Elisa,* obtuvo en 1994 el prestigioso Premio María Teresa León, que otorga la Asociación de Directores de Escena de España (ADE), y al año siguiente vio la pieza escenificada en Madrid con dirección de Juan Antonio Hormigón. Este escribió sobre el texto de Laragione, bajo el título "Ambigüedad deliberada", en el programa de mano del estreno madrileño: "A pesar de su carácter iniciático [se refiere a que se trata de la primera pieza teatral escrita por Laragione], la obra posee sin embargo una gran madurez, tanto por su sólida estructura como por la ambigüedad deliberada que deja abierta la posibilidad de diferentes interpretaciones de los hechos y hace de lo no dicho elemento sustantivo para descubrir el curso de los acontecimientos".

Tal como lo ha relatado ella misma en un texto incluido en

6 JORGE DUBATTI

el programa de mano del estreno porteño, Laragione nació en
Buenos Aires el 1° de mayo de 1946 y es hija del gran escritor
Raúl Laragione (Raúl Larra) y de Sara Papiermeister. "Pertene-
cer a un hogar de intelectuales de izquierda –reflexiona Lucía–
marcó mi infancia con dos rasgos particulares: las periódicas
visitas de la policía y el privilegio de conocer gente como la que
ya no se fabrica. Alvaro Yunque, Leónidas Barletta, Héctor Agosti
y Nicolás Guillén valen como ejemplos".

"Siempre me gustó muchísimo el teatro y lo rondé de distintas maneras y en distintos momentos: fui alumna del
Conservatorio de Arte Dramático por un par de años. Allí tuve
la fortuna de conocer a Saulo Benavente. Hice títeres en el IFT
con Juan Enrique Acuña. Tomé esporádicas clases con Carlos
Gandolfo y Laura Yusem. Aprendí historia del teatro con Jaime
Rest. Hice un seminario de autores, directores y actores con
Agustín Alezzo. En 1976 fui una de las asistentes de dirección
de Norma Aleandro en el espectáculo *La venganza de Don Mendo*
de Muñoz Seca".

Inicio y consagración

Todos esos aprendizajes previos confluyeron finalmente
en un hecho fundamental: en 1992 Laragione ingresó al Taller
de Dramaturgia de Mauricio Kartun. En 1993, en el marco de
las actividades de dicho taller, escribió *Cocinando con Elisa*.
Desde 1997 integra un grupo de autogestión con otros drama-
turgos: Susana Gutiérrez Posse, Susana Poujol, Susana Torres
Molina, Victor Winer, Jorge Huertas, al que se ha incorporado
más recientemente Héctor Levy-Daniel. Además de trabajar sobre los proyectos individuales, el grupo ha generado otros,
colectivos, como la escritura de monólogos y de obras breves
junto con autores españoles y mexicanos (que plasmaron en
tres libros: *Monólogos de dos continentes*, *La noticia del día* y
Exilios) y la puesta en escena de los materiales producidos.

En *Cocinando con Elisa*, su pieza incial, Laragione retoma
las estructuras del drama moderno, y en particular su desarrollo en el drama rural de las primeras décadas de este siglo (José
González Castillo, Alberto Weisbach, Rodolfo González Pacheco,

Bernardo González Arrili). De acuerdo con estos modelos, y en consonancia con el fenómeno de la "destemporalización" y la "relativización del valor de lo nuevo" propios del teatro argentino en la postdictadura[1], Laragione desarrolla una poética teatral política en la que el motivo del filicidio entronca con estructuras históricas recurrentes en la Argentina pero, por sobre todo, con el horror de la dictadura.

Como en *El Matadero* de Esteban Echeverría, la violencia entre los hombres es simbolizada, a manera de correlato objetivo (Eliot), a través de la violencia que el hombre despliega sobre los animales para el trabajo cotidiano de la cocina. Uno de los rasgos sobresalientes de la pieza de Laragione radica en la desautomatización o extrañamiento que genera en el espectador frente a las prácticas "violentas" de Nicole/Nicolasa con las materias primas animales que utiliza para cocinar. Ese extrañamiento instala una imagen del hombre familiarizado con la muerte, la sangre, la violencia de destripar, mutilar, quemar, desollar y diseccionar cuerpos de animales muertos. La inocencia de las recetas de cocina se transforma en un espeluznante ejercicio de la muerte. Si durante la dictadura la muerte "estaba en todas partes", es un logro de Laragione haberla simbolizado en una práctica tan cotidiana y comunitaria como la cocina. De esta manera la violencia se instala en el orden micropolítico como escala de lo macropolítico. La cocina es a la vez símbolo del país (especie de matadero privado) e imagen de la complicidad civil que reproduce en los hogares la subjetividad oficial de la dictadura.

Por otro lado, en tanto "escritora", Laragione instala el extrañamiento en una actividad culturalmente asimilada a lo femenino. De esta manera deconstruye políticamente un imaginario que en otros espacios sociales y literarios confirman figuras tradicionales de "la mujer" (de los manuales clásicos de cocina de Doña Petrona a la folletinización romántica de *Como agua para chocolate*). Complementarios con esos elementos resultan otros datos: el odio de Nicole hacia los hombres y su puesta al servicio de los intereses de Madame y Monsieur. Laragione genera un texto político a través de un proceso de sutilización de los mecanismos poéticos. A diferencia del drama rural ancestral, que recurría a procedimientos de explicitación del sentido (redundancia pedagógica, estructura esquemática, maniqueísmo, personaje positivo, sencillez expositiva, soluciones pre-elaboradas para resolver los problemas planteados), Laragione trabaja con los recursos de la ambigüedad, la infrasciencia, la contradicción y un adelgazamiento casi absoluto del discurso didáctico. Nunca quedará claro al lector el por qué de la muerte de Elisa, y especialmente la relación entre su asesinato y el robo de su hijo recién nacido. Laragione sabe que esa actitud multiplicadora, no conductista de la interpretación del texto, lo vuelve mucho más perturbador y efectivo para la percepción actual.

Las primeras publicaciones de Laragione fueron libros de poesía: *Poemas angelicales* (Schapire Editor, 1973) y *La rosa inexistente* (Rodolfo Alonso, 1980). Luego, dedicada a la literatura infantil y juvenil, publicó una docena de libros de cuentos y novelas: *Amores que matan* (Alfaguara, 1997), *El mar en la piedra* (Alfaguara, 1998), *Tratado Universal de Monstruos* (Alfaguara, 1999, Mención de honor en el Concurso de Literatura del Gobierno de la Ciudad de Buenos Aires en la categoría Cuento Editado, Bienio 1998/99); *S.O.S. gorilas* (Santillana, 2002), *Brancaleone y otros cuentos* (Editorial Cántaro, 2004).

Estrenos y ediciones
La secuencia de sus principales estrenos es la siguiente:
-*Cocinando con Elisa*, Teatro Cuarta Pared, Madrid, 1995, dirección de Juan Antonio Hormigón.
-*Cocinando con Elisa*, Teatro del Pueblo, Buenos Aires, 1997, dirección de Villanueva Cosse.
-*La fogarata*, en el espectáculo *Fuego que enciende el fuego*, Escuela Nacional de Arte Dramático, dirección de Daniel Marcove.
-*El silencio de las tortugas*, en el espectáculo *Monólogos de dos continentes*, Teatro Auditorium, Mar del Plata, 1998, dirección de Marcelo Marán.
-*Papito*, en el espectáculo *La mayor, la menor, el del medio*, Tea-

tro Anfitrión, 1999, dirección de Daniel Marcove.

-*Segredos de cozinha*, Auditorio Municipal Carlos Paredes, Lisboa 1999, traducción y dirección de Cucha Carvalheiro.

-*Palabristas*, Teatro Santa María, 2000, dirección de Héctor Malamud.

-*Sorteo* (en coautoría con Susana Torres Molina, Susana Gutiérrez Posse y Víctor Winer), en el ciclo *Teatro por la identidad*, Sala La Trastienda, dirección de Rubén Pires.

-*Cocinando con Elisa*, en Grenoble, Francia, 2001, dirección de Laurent Pelly.

-*Criaturas de aire*, Teatro Anfitrión, Buenos Aires, 2004, dirección de Luciano Cáceres.

-*1° de mayo*, Teatro Puerta Roja, Buenos Aires, 2004, dirección de Mariel Bignasco.

-*El ganso del Djurgarden*, Teatro del Pueblo, 2004, dirección de Juan Cosín.

Cocinando con Elisa cuenta hasta hoy con diversas ediciones: Madrid, ADE, Serie Literatura Dramática, 1995; Buenos Aires, Teatro Vivo, 1999; L'Avant-Scène Théatre/Collection des Quatre Vents, Paris, 2002, bajo el título «Cocinando».

La fogarata se publicó como parte del libro *Fuego que enciende el fuego* (edición de la Escuela Nacional de Arte Dramático, Buenos Aires, 1997). *El silencio de las tortugas* tuvo su primera edición en el volumen colectivo *Monólogos de dos continentes*, (Buenos Aires, Corregidor, 1998). *Palabristas*, pieza teatral para niños, fue editada por Alfaguara (Buenos Aires) en 2000. *1° de mayo* se incluyó en *La noticia del día*, tomo grupal de Editorial La avispa, Madrid, 2001.

Criaturas de aire se publicó en versión original completa en Madrid, ADE, 2002, y en versión escénica Teatro Vivo, Buenos Aires, 2004. El volumen de Atuel que presentamos reproduce la primera versión, sin cortes.

El ganso del Djurgarden se editó en *Exilios* (Buenos Aires, Biblos, 2003), y *El reino de las imágenes nítidas* en el volumen *Teatro/6* (Instituto Nacional de Teatro, Colección El País Teatral, Serie Premios, 2005).

Premios recibidos

1994 - Premio María Teresa León, otorgado por la Asociación de Directores de Escena de España, por *Cocinando con Elisa.*

1997 - Mención Especial del Premio María Guerrero por *Cocinando con Elisa.*

1998 - Segundo Premio Municipal por *Cocinando con Elisa.*

1998 - Premio Argentores a la mejor comedia dramática por *Cocinando con Elisa.*

2001 - Mención especial en el Premio María Teresa León por *Criaturas de aire.*

2005 - Premio Trinidad Guevara a la actividad teatral 2004 en el rubro "Autor" por *Criaturas de aire.*

2005 - Mención especial en 6° Concurso de Obras de Teatro del Instituto Nacional de Teatro por *El reino de las imágenes nítidas.*

2006 - Primer Premio en el Concurso de Teatro del Gobierno de la Ciudad de Buenos Aires, en la Categoría Obra No Estrenada, correspondiente al Bienio 1998/1999, por *Criaturas de aire.*

Notas

[1] Sobre estas nociones remitimos a *El nuevo teatro de Buenos Aires en la postdictadura (1983-2001). Micropoéticas I*, J. Dubatti coordinador, Buenos Aires, Ediciones del Instituto Movilizador de Fondos Cooperativos, Centro Cultural de la Cooperación, 2002, 400 págs, Introducción a nuestro cargo: "Micropoéticas. Teatro y subjetividad en la escena de Buenos Aires (1983-2001)", pp. 3-72; y *El teatro de grupos, compañías y otras formaciones (1983-2002). Micropoéticas II*, J. Dubatti coordinador, Buenos Aires, Ediciones del Instituto Movilizador de Fondos Cooperativos, Centro Cultural de la Cooperación, 2003, 414 págs, introducción a nuestro cargo: "El teatro como acontecimiento. Micropoéticas y estructuras conviviales en la escena de Buenos Aires (1983-2002)", pp. 3-65.

RECETA BÁSICA DE *COCINANDO CON ELISA*: INGREDIENTES A LA GRIMM EN UNA CALDERA ARGENTINA[1]

Lucía Garavito

Cocinando con Elisa de Lucía Laragione (Argentina) ganó el Premio María Teresa León para Autoras Dramáticas en 1994 en Madrid, galardón que abrió las puertas a exitosas puestas en escena en esta capital y en Buenos Aires[2]. Esta primera incursión de Laragione en el campo dramatúrgico fue inicialmente emparentada por la crítica con textos ya reconocidos internacionalmente como *El festín de Babette* (film dirigido por Gabriel Axel) y *Como agua para chocolate* de Laura Esquivel, o con "El matadero" de Esteban Echeverría. Mientras que el discurso culinario la asocia con los dos primeros textos mencionados, las escenas de intensa violencia evocan el segundo. Laragione misma explica la confluencia de gastronomía y violencia al comentar el origen de la pieza:

> *Cocinando con Elisa* fue escrita en el marco de un taller de dramaturgia coordinado por el maestro Mauricio Kartun. Era mi segundo año en el taller [1993] y, frente a la consigna de trabajar a partir de una imagen, surgió en mí una imagen auditiva: oí a dos mujeres que hablaban sobre recetas de cocina. Lo curioso fue que, en el mismo momento, percibí que esa conversación no era inocente sino que en ella se jugaba una relación de poder. Luego, cuando bus-

qué documentación para las recetas, tropecé con un libro de cocina regional francesa y con toda la crueldad de esas comidas. Es a partir de allí de donde surge la pieza[3].

Curiosamente, Laragione —experta conocedora de la literatura infantil y autora de cuentos y novelas para jóvenes— omite la mención a los cuentos de hadas como factor estructurante deliberado de su visión dramatúrgica[4]. La presencia inconsciente de este material (reconocida por la dramaturga) resulta obvia, sin embargo, al analizar la pieza bajo esta perspectiva y descubrir la existencia de un complejo patrón de referencias intertextuales que remiten a los cuentos de hadas como subtexto configurante, subtexto que ha pasado desapercibido por la crítica. La combinación culinaria-violencia es, en efecto, uno de los motivos característicos del género como lo evidencian repetidas referencias a hornos devoradores, padres antropófagos, madres sedientas de sangre, desmembramiento de víctimas, y estofados con ellas preparados en las colecciones de cuentos clásicos (Perrault, los hermanos Grimm y Hans Christian Andersen, para mencionar los más conocidos). El cuento "The Juniper Tree" de los hermanos Grimm es quizás uno de los más representativos de esta tendencia. A la muerte de la madre en el momento del parto, sigue una serie de episodios de abuso infantil que culmina en decapitación. Los hechos se resumen en la canción : "My mother, she killed me,/ My father, he ate me./ My sister Marlene/ Gathered up my bones,/ Put them in a silken scarf,/ Buried them under the juniper tree./ Keewitt, keewitt, what a fine bird am I" (Tatar 213).

En lo que respecta a la conexión entre los cuentos de hadas clásicos y la narrativa, el drama, la poesía, y el cine, es un fenómeno de larga trayectoria. Según Jack Zipes, tomó notable auge a partir de 1980 y continúa hoy día caracterizado por la experimentación radical en términos de la re-escritura de este material según postulados feministas revisionistas, nuevas teorías psicológicas, revolucionarios planteamientos históricos y sociológicos e inclusive preocupaciones ecológicas (138-161).

Cocinando con Elisa es un texto experimental de manera

sui generis. Por una parte se apropia de y revitaliza elementos tradicionales de los cuentos de hadas y por otra incorpora estrategias que desmantelan patrones y expectativas familiares. Identificar estos elementos y estrategias, y examinar su función lleva a elucidar las implicaciones ideológicas del drama dentro del contexto argentino contemporáneo.

El inventario de personajes y situaciones derivados de los cuentos de hadas es lo suficientemente extenso y consistente en la pieza como para invitar a un análisis exhaustivo de motivos entre los que figuran la bruja/madrastra que trata de deshacerse de la joven y dulce heroína y a veces también de su hijo, el hada madrina, el ogro, la cenicienta, el rey y la reina sin descendientes, los conjuros, los celos en la relación superior-sirviente, las pociones venenosas, las tareas imposibles, la búsqueda, los episodios de cacería y los rituales crueles y sangrientos, entre muchos otros. Dado que todos ellos confluyen, directa o indirectamente, en la figura de la cocinera Nicole como el centro de poder, en la de su ayudante Elisa, como su víctima, y en la violencia como estrategia de poder, el enfoque del presente estudio recae en la interrelación entre estos tres elementos[5].

No cabe duda de que las brujas están de moda. En el artículo "The Contemporary Witch, the Historical Witch and the Witch Myth: The Witch, Subject of the Appropriation of Nature and Object of the Domination of Nature" Silvia Bovenschen se pregunta por qué el tema de las brujas no sólo ha adquirido un "glamour fatal" en los últimos años, sino también considerable legitimidad académica. Desde su punto de vista se trata de una relación experiencial entre el pasado y el presente:

> the assimilation of the witch into feminist visual and linguistic parlance happened spontaneously, not as a result of a plan. The revival of the word, the image, the motif doubtless has something to do with the new women's movement...there must be a [...] direct preconceptual relationship —possibly in connection with a diffuse historical idea— between the word on the one hand and the personal experiences of today's women on the other

[...] That which male historiography omitted, suppressed, or tabooed did not simply disappear; even experiential action is at certain moments historically aware, to the extend that it elicits the "collective return of the repressed" (84-85).

Mientras que series televisivas como *Bewitched* en los sesenta y *Sabrina* en los últimos años dan prueba de la incorporación del motivo de la bruja al mundo contemporáneo bajo una imagen reivindicada desprovista de las consabidas connotaciones amenazantes, *Cocinando con Elisa* retoma en Nicole la figura de la bruja tradicional con toda su carga ancestral para definir los parámetros de su relación con Elisa, determinar el curso de la acción dramática y establecer el enlace entre pasado y presente. La cocinera encaja en el arquetipo de la Madre Terrible, la madre en su aspecto destructivo, la gran maga y gran bruja como Isis (*Shadow* 126), Kali o Baba Yaga, al mismo tiempo que evidencia la conexión entre culinaria, herbología y magia. El lugar de adoración de Kali es a menudo la cocina, donde se llevan a cabo misteriosos rituales (*Ravaged Bridegroom* 145). Baba Yaga, la bruja/maga arquetípica de los cuentos de hadas rusos es una figura ambivalente que mezcla atributos positivos (gran diosa del mundo natural) y negativos. Se la describe de manera característica con utensilios culinarios "'She sits huddled in a mortar, she rows with a pestle. She wipes away the tracks with a broom'... Her house is decorated with skulls and bones..." (*Archetypal Dimensions* 82). En su aspecto destructivo puede pulverizar a sus víctimas y, alquímicamente, reducirlas a su esencia (*The Feminine* 175). Los talentos culinarios de Nicole, la violencia con que los pone en práctica, su conocimiento extensivo de las propiedades de las plantas y de la conducta y características de los animales evidencian un dominio completo del mundo natural y sus secretos y la emparentan con las figuras arquetípicas señaladas.

Como lo anuncia el título de la pieza, la cocina de una estancia es el espacio escénico en que se desarrolla la totalidad de la acción dramática: "Una cocina en un establecimiento de campo. De las vigas cuelgan animales de caza: aves y liebres. La cocina es a leña, las ollas de hierro. Una ventana permite a los personajes asomarse al parque". (1). La psicoanalista jungiana Marie-Louise von Franz destaca la importancia de esta área de la casa como laboratorio alquímico donde se transforma la materia: "Historically, the kitchen was the center of the house and was therefore the place of the house cults. The house gods were placed on the kitchen stove and in prehistoric times the dead were buried under the hearth. As the place where food is chemically transformed, the kitchen is analogous to the stomach. It is the center of emotion in its searing and consuming aspect and in its illuminating and warming function, both of which show that the light of wisdom only comes out of the fire of passion" (*Interpretation* 124). A estos comentarios hay que agregar el simbolismo maternal de la cocina misma, en el que confluyen tres rasgos esenciales: produce calor que protege contra el frío y estimula la vida; está asociada con el proceso de transformación y regeneración, y finalmente alude al fuego interno destructor (Birkhauser-Oeri 70). En su reseña a la puesta en escena en Buenos Aires, Lola Proaño Gómez subraya precisamente la acertada decisión en el montaje de ubicar la cocina en el sótano, transformando así un lugar por lo general asociado con la camaradería femenina (confidencias, chismes, aprendizaje) en "algo cercano al infierno... el lugar de la exclusión y de la muerte" (6). El ejercicio culinario francés como ritual cruel en el que las emociones de Nicole contra Elisa condimentan una relación destructiva, transforma un espacio tradicionalmente sagrado, maternal y vital en el círculo de brujas o *temenos* demarcado por Nicole como su área de poder absoluto (*Interpretation* 82). Irrumpir en este espacio donde —como diría Luisa Valenzuela— indudablemente "pasan cosas raras", tiene trágicas consecuencias según lo ilustran los destinos análogos de la rata que lo explora en las noches y de Elisa.

El nombre de los platos en francés suena como un conjuro a los oídos no iniciados de Elisa, a quien le cuesta trabajo pronunciar esas combinaciones fónicas abracadabrantes que constituyen la esencia de cada plato y que nunca llega a dominar. Nicole cocina en ollas de hierro, emparentadas sin duda con las temidas calderas cuece-niños de los cuentos de hadas. En *The Woman's Dictionary of Symbols and Sacred Objects* Barbara Walker observa que "The cauldron was the prime female symbol of the pre-Christian world, which is why Christians universally associated it with witchcraft... There can be no doubt that the cauldron represented the womb of the Great Goddess" (124).

En su labor culinaria Nicole integra los cuatro elementos (tierra, fuego, agua y aire) para someterlos a una metamorfosis gastronómica que "exalta unos sabores y oculta otros" (Itzcovich). Las hierbas, la leña, y los animales representan el primer elemento (mundo natural); la candela de la cocción el segundo (el fuego, la pasión de las emociones)[6]; el vino, otros licores, la "confitura de frambuesa casera bien roja y espesa" (33) y la sangre, el tercero (aspecto ritual canibalístico). El cuarto elemento —aire— podría asociarse con la respiración y por consiguiente con el sentido del olfato que toda bruja debe tener especialmente desarrollado ("a fine sense of smelling" se menciona, por ejemplo, en "Hansel y Gretel"), sentido que, según Nicole, es indispensable para ser una buena cocinera. De aquí el fracaso de Elisa como asistenta de cocina: "Nunca hubiera sido una buena cocinera... Le faltaba olfato" (34).

La sangre que cubre las manos y ropa de Nicole y los licores que consume a lo largo del drama —en especial el vino como obvio sustituto de la sangre sacrificial— se integran indistintamente al ritual gastronómico (*Dictionary of Symbols* 485) y apuntan al componente canibalístico asociado con los actos de brujería, un motivo recurrente en los cuentos de hadas. Nicole parece incorporar la vitalidad de sus víctimas y recibe a los nuevos miembros de su círculo con un bautismo de sangre. La palabra inglesa "blessing" quiere decir precisamente santificar mediante la aplicación de sangre de animales o de cautivos de guerra (*Dictionary of Symbols* 170). Las imágenes que abren y cierran el drama —la sangre que gotea sobre las cabezas de Elisa y su bebé— apuntan en esta dirección. Aún más, el apetito pantagruélico de Monsieur —en cuya casa trabaja Nicole—, su sensualidad gastronómica, su afición por la caza, y su predilección por la "carne fresca" (7) —el nonato y las chicas jóvenes— contribuyen a su caracterización como ogro y a reforzar el elemento canibalístico asociado con Nicole. En *From the Beast to the Blonde: On Fairy Tales and Their Tellers*, Marina Warner señala que el motivo canibalístico de desear en particular a mujeres embarazadas y sus hijos puede entenderse también en un plano simbólico como una triple incorporación: "sexual union by which a form of reciprocal devouring takes place; pregnancy, by which the womb encloses the growing child; and paternity, which takes over the infant after birth in one way or another" (260). Elisa no solamente puede relacionarse con estas tres formas de devorar, sino que también corre el riesgo de verse obligada por Nicole a convertirse en ogro: "Y yo le voy a arrancar las negras entrañas con bastardo y todo y se las voy a hacer comer en pedacitos" (26).

La habilidad de Nicole para hacer, sin contemplación y compasión alguna, cortes exactos en los cuerpos de los animales, está asociada también con la brujería. El texto menciona, por ejemplo, que hay que cortar primero las cabezas de los animales. Se empieza por animales relativamente pequeños pero su tamaño aumenta progresivamente hasta terminar con el jabalí, animal sacrificial por excelencia. Marion Woodman señala en *Addiction to Perfection* que cortar cabezas es un motivo muy común en la imaginería de las brujas (102) y en *The Psychological Meaning of Redemption Motifs in Fairytales* von Franz agrega que la decapitación es un motivo bastante conocido en alquimia donde apunta a la acción de separar el intelecto del instinto (117). A estas observaciones hay que añadir que en los cuentos de hadas las madrastras crean una ruptura en el orden natural de las cosas al dividir, segmentar, mutilar y destruir (Tatar 219).

El cuchillo, instrumento clave en este proceso, se ha asociado tradicionalmente con la brujería. magia o la divinación. Sybille Birkhauser-Oeri observa, por ejemplo, que en los cuentos de hadas hay numerosas brujas que "kill their victims with knives, or chop them up or tear them to pieces" (80). Históricamente los cuchillos les han servido a las mujeres como utensilios y como armas, e inclusive hasta el siglo XVII hacían parte del vestido de novia (*Dictionary of Symbols* 142). Los instrumentos punzantes como hachas (4), tijeras (28), cuchillas (24), tenazas y hierros al rojo vivo (21-22) se integran al lenguaje corporal de Nicole, caracterizado por los gestos duros y violentos, los golpes bruscos. Su destreza con el cuchillo, por ejemplo, la aplica no sólo a su labor culinaria sino que también hace alarde de ella para demostrar su furia ante Elisa, amenazándola explícitamente al final de la escena 8: "Vaca. Sucia vaca asquerosa. Yo te voy a... te voy a... (Toma la cuchilla de decapitar jabalíes y la clava con furia sobre la mesada)" (26). Nicole cuenta además con el lenguaje como arma verbal. Según von Franz,

In many folklore tales there occurs the motif of putting the sleeping needles, which the magicians have, into the head or eye or behind the ear o even into the finger, and making the person fall asleep or pass out at once. A prick in the finger will cause you to pass out. A pointed thing is a stinging remark. Such a remark expresses the habitual aggressiveness of women, and of the anima. Women do not habitually bang doors or swear, but make some subtle, gentle, pointed remarks—the soft-voiced, wounding witch remark that hits right on the other person's tender spot (*The Feminine* 49).

Agrega von Franz en *Archetypal Patterns in Fairy Tales* que "Needling or picking on someone, generally has to do with stinging that person's complexes: one needles people, for instance, by making specific personal remarks. And if needling remarks are to work, you have to make them about something you know the person has a complex for [...] When you make personal remarks aimed at a person's complex, you can completely knock them out. In a way, that is also giving them a sleeping needle, for they are no longer composed mentally. They can't answer your questions. They are confused. They are pushed, for the moment, into the unconscious and made helpless" (52-3)[7].

Nicole no solamente demuestra apropiadamente su destreza con la aguja en su dedicación a los gobelinos en su tiempo libre sino que prueba ser una experta en el manejo de las agujas verbales para herir a Elisa repetidamente con sus comentarios casuales e insensibles sobre su embarazo o su situación como madre soltera: "Siempre sospeché que algo se traía bajo el poncho. Pero no me imaginé que fuera tan gordo" (18) o "No es más que una rata. Y está bien muerta. Fíjese en la panza. Mire qué hinchada está. ¿Será del veneno o estaría preñada?" (22), o llama "guacho" (18) a su hijo y lo compara con un ternerito que puede ser blanqueado (25) o comido "¿Nunca comió nonato, querida? Es un manjar. Una verdadera *delikatessen*. Una carne blanca y tierna que se deshace en la boca" (19). Igualmente hace insinuaciones racistas sobre el supuesto padre del bebé— "lo que pasa es que como el padre debe ser medio negro" (25). Este lenguaje hiriente es un veneno para el oído de Elisa, recipiente en el que se vierten los comentarios malintencionados de Nicole.

Es también característico de las brujas de los cuentos de hadas enmascarar intenciones asesinas en gestos maternales (Tatar 219), que en ocasiones se traducen en envenenar secretamente o en alimentar de manera espléndida a su futura víctima. Para Birkhauser-Oeri, "[killing the heroine with poison] is one of the favorite methods of destruction for a witch... In fairy stories poison is usually added to food. So this kind of woman secretly adds something destructive to every helpful maternal gesture" (107). Al igual de lo que ocurre por ejemplo en "Hansel y Gretel", Nicole finge preocuparse por la situación de Elisa e inclusive le ofrece para su viaje un postre típicamente parisino, "Puentes de amor" (33) que le ha preparado para la ocasión. El nombre del postre es significativo. Para von Franz, "bridges are numinous places" por varios motivos, dentro de los cuales cabe destacar tres. En primer lugar ofrecen el medio de viajar a lugares muy distantes; en segundo lugar, "bridges were highly dangerous because the enemy could invade your country from them" y finalmente, los poderes del bien y del mal se con-

centran en los puentes. (*Archetypal Patterns* 179). La bruja Nicole
ha seleccionado el nombre adecuado para su creación culinaria
y las consecuencias trágicas no se hacen esperar. Pasar el um-
bral de su cocina y morder la apetitosa carnada equivale,
entonces, a ser devorado, tragado por la Madre en su aspecto
destructivo. La rata que se aventura en este espacio prefigura el destino de Elisa e ilustra las nefastas consecuencias de irrumpir en
la cocina de Nicole contra la voluntad de la cocinera: al igual
que la aprendiz, la rata es alimentada, crece en tamaño y es
envenenada. Además de estas asociaciones obvias, este animal
puede considerarse como una imagen escénica del estado psíquico de Nicole. Su obsesión con la rata refleja su ausencia de
paz interior. Para von Franz, la analogía entre la actividad de
este animal y la presencia de una conciencia culpable queda
explícita en el siguiente poema chino: "Rat in my brain, / I cannot
sleep; day and night. / You gnaw out of me my life. / I am slowly
fading away, / Oh rat in my brain, / Oh, my bad conscience. /
Will you never give me peace again?" (*Interpretations* 87). Los
pensamientos violentos y los deseos destructivos que dominan
a Nicole parecen estar proyectados en este animal que ha inva-
dido su territorio. Destruir la rata no sólo equivale a matar a
Elisa sino que también es un intento de quitar del camino todo
remordimiento asociado con el crimen. Estas observaciones
adquieren resonancias colectivas si se examinan a la luz de otro
estudio de esta misma investigadora en el cual señala que en
muchas creencias populares persiste la idea de que los muertos continúan viviendo en las casas como animales que se
mueven en la oscuridad (en pinturas medievales puede obser-
varse que un ratón —el alma— sale de la boca del moribundo).
La rata y el ratón en particular, son como demonios o fantas-
mas de la muerte (*Archetypal Patterns* 176-7). Dentro de este
contexto la rata como imagen del acoso simbólico de víctimas
pasadas y/o futuras que amenazan con desestabilizar el territorio (externo e interno) celosamente controlado por Nicole,
adquiere una relevancia insospechada en un drama argentino
enfocado en el ejercicio de una violencia generalizada[8].

Elisa entra dentro de este territorio sin la aprobación de la cocinera, que hubiera preferido a alguien de más edad y experiencia. El motivo del héroe o la heroína que presta servicios por un tiempo es común en los cuentos de hadas donde cumple la función de darle la oportunidad de probarse a sí mismo/a y de demostrar sus valores. (*Archetypal Patterns* 83). En palabras de Woodman, "the kitchen work has to be done before the princess can go to the ball" (*Ravaged Bridegroom* 81). La presencia de Elisa en la cocina de Nicole desencadena la dinámica opresor/oprimido, victimario/víctima, torturador/torturado que se intensifica gradualmente a medida que progresa la acción. Elisa y Nicole se definen desde el comienzo como polos completamente opuestos. Elisa es la figura representativa de la Gran Madre en su aspecto compasivo, creador y preservador. Su asociación con la vaca —que se hace explícita en escenas anticipatorias del drama— enfatiza su conexión simbólica con el animal sagrado origen de la Vía Láctea y que nutre el universo (*Myths and Secrets* 181-182)[9].

Elisa también evoca protagonistas familiares de numerosos cuentos de hadas. Las tareas humildes que desempeña con tan buena voluntad, los colores blanco y rojo asociados con el vestido elegante que recibe como regalo de Madame[10] —especie de hada madrina— traen a la memoria a La Cenicienta y Blanca Nieves; su regreso a las 6 de la mañana después de una noche de baile hace recordar a las princesitas bailarinas que gastaban sus zapatillas misteriosamente. Al igual que a muchas otras jóvenes de los cuentos de hadas, se le imponen tareas imposibles de realizar como recoger 720 caracoles de un día para otro en un área enorme —que va desde la montaña hasta el mar— y con mal tiempo —hay viento fuerte y se avecina tormenta— (4). Como ocurre en casos semejantes, recibe la ayuda inesperada del capataz Funes para cumplir con éxito esta tarea que constituye un desafío para sus fuerzas y paciencia. Elisa es prácticamente prisionera de Nicole que vigila y controla con gran sigilo sus entradas y salidas e inclusive le niega la posibilidad de descansar y divertirse (no puede ir a la ciudad de paseo en un día espléndido). Esta situación de encierro que se refuerza escénicamente por el contraste entre el espacio mimético de la cocina y el espacio diegético del parque y el resto de la casa, es homóloga a la de las princesas encerradas en torres, imagen que conlleva de nuevo el aspecto canibalístico de haber sido devorado (Warner 259).

El desarrollo de la trama de los cuentos de hadas incluye diversas estrategias de liberación por parte de las víctimas para superar la situación de opresión, eliminar las estructuras de poder originales y dar el castigo merecido a los malvados. En "How Fairy Tales Deal with Evil", Verena Kast señala tres posibles caminos para resolver el enfrentamiento con la maldad: "Holding one's ground, overcoming, or fleeing—none of these alternatives is inherently superior; it is precisely the hero's task to determine the appropriate response to whatever evil is at hand" (39). Elisa cuenta con dos armas para defenderse y oponerse a Nicole, poniendo en práctica las estrategias sugeridas por Kast. La primera, esgrimir ante la gran cocinera los detalles ocultos de su vida. Entre ellos, sacar a la luz su verdadero nombre, el ofensivo "Nicolasa". Tener acceso al nombre de una persona o cosa equivale en términos mágico-religiosos a poseer la capacidad de dominar o manipular tal entidad dada la asociación establecida entre su nombre y su esencia o alma: "a man or god could be cursed if his secret, magical name was learned by an enemy and spoken in the wrong context" (*Myths and Secrets* 710). Elisa tiene éxito en su rebelión contra los punzantes agravios de Nicole al desenmascarar la oposición entre su falsa sofisticación europea y su humilde origen criollo, provocando así su ira:

Elisa: ¡Deje de hacerse la fina conmigo, quiere! Si acá todos se le ríen por detrás. Si hasta Monsieur y Madame se burlan de sus aires...
Nicole: ¡Basura! ¡Eso es basura!
Elisa: Vamos, Nicolasa. Hija de una cocinera de estancia y de un peón golondrina que la llenó y voló. ¿O acaso me va a decir que usted conoce a su padre? (26) .

Sin embargo, al demostrar tener pleno dominio del lado oculto de Nicole y al atreverse a mencionarlo en voz alta, Elisa transgrede el tabú de la bruja, motivo común en los cuentos de hadas. Según von Franz, las brujas tienen supuestamente secretos horribles sobre los que no deben hacerse preguntas o comentarios (de ahí que Baba Yaga, por ejemplo, barra todo rastro suyo con la proverbial escoba). Permanecer en silencio absoluto ("Hush, hush") sobre el área misteriosa de las brujas es una estrategia indispensable para conservar la vida. (*The Feminine*, 173-175). Elisa desconoce o pasa por alto esta norma e irrumpe no sólo en un espacio físico controlado y ajeno sino en un territorio psíquico prohibido y por lo tanto merece la muerte.

Por otra parte, el patrón prohibición/violación/castigo característico de los cuentos de hadas como instrumentos de socialización y buena conducta es también relevante para determinar el destino de Elisa. Los títulos de los llamados "cautionary tales" que jugaron un papel clave en la revisión de los cuentos de hadas ilustran claramente la tendencia moralista de dichos textos: "A Tale of Warning", "The Good-Natured Little Boy and the Ill-Natured Little Boy", "Stories of many Bad Boys, who themselves deserve whipping, and of some Good Boys, who deserve plum-cakes" (Tatar 9-10). Héroes y heroínas son torturados o ejecutados en escenas muy vívidas por haber transgredido alguna restricción vigente en el contexto social, religioso o cultural. Las relaciones de poder se expresan a menudo en términos de control sobre la comida (Tatar 208) y abundan las violaciones de tipo oral y sexual, que se encuentran con frecuencia asociadas. Elisa encarna una y otra a los ojos de Nicole. Su embarazo fuera del matrimonio y la avaricia oral que se identifica como su correlato, se funden en el comentario/advertencia de la cocinera: "Los banquetes traen consecuencias" (22). Para Nicole, Elisa recibe la suerte que se merece[11].

La segunda arma de Elisa es la huida: escapar del área de dominio y control de Nicole. Según Kast, "[the case of real evil] would mean that a destructive power was at work that could not be dealt with, only avoided. Flight is the only possibility here, even at the price of the heroe or heroine returning ostensibly untransformed" (24). ¿Por qué fracasa Elisa en esta tentativa? El texto plantea múltiples respuestas que, irónicamente, hacen que la culpa recaiga en la víctima misma, Elisa. En primer lugar, su falta de olfato le impide oler —en términos metafóricos— lo que Nicole está realmente cocinando para ella. En segundo lugar —también simbólicamente— su analfabetismo e ingenuidad le impiden leer, descifrar, y establecer conexiones entre el mensaje de desastre inminente anticipado por el destino de los animales sacrificados y su propia situación. En los cuentos de hadas es imperativo seguir el consejo que dan los animales. Es una regla a la cual no hay excepción y que está relacionada con la obediencia debida a los instintos de nuestro ser interno (Shadow 120). En palabras de von Franz: "in the conflict between good and evil the decisive factor is our animal instinct, or perhaps better, the animal soul; anyone who has it with him is victorious. Good qualities that are contrary to instinct cannot last" (Archetypal Dimensions 89). Si bien la ingenuidad y condición socio-cultural poco sofisticada de Elisa indicarían en un cuento de hadas tradicional una conexión más estrecha con los instintos (Archetypal Patterns 75), este balance está inicialmente ausente en ella. Cuando por fin obedece a un sano impulso interno, "a una intuición de algo horrible que no puede poner en palabras", y toma la decisión correcta al anunciar "Necesito irme", ya es demasiado tarde.

El conflicto entre el bien y el mal está inscrito dentro de un marco de referencia que incorpora y amplía el contexto político, social y cultural del drama. Trascender el espacio de la cocina y explorar las figuras, acontecimientos y relaciones integrados a nivel diegético es clave para entender estas implicaciones contextuales. Monsieur y Madame, sin descendientes, con su servidumbre, coto y propiedades corresponden a la pareja real sin heredero/a que en los cuentos de hadas enfrenta un momento de crisis. De hecho, tanto el drama de Laragione como los cuentos clásicos del género, comienzan con una situación de desequilibrio: "Something is always wrong with the king. The story begins always with a state of imbalance, and balance has to be restored through a compensatory process" (*Archetypal Patterns* 23). Este desequilibrio obedece a la contradicción entre el rey como supuesta fuente de bienestar y símbolo de autoridad, poder, justicia, sabiduría de una comunidad y la imposibilidad de encarnar estos principios debido al deterioro de su condición física, mental y/o espiritual. En *Cocinando con Elisa* el apetito desenfrenado de Monsieur, su debilidad por las muchachas jóvenes y su pasión por la caza heredada de sus antepasados (su bisabuelo era un "feroz cazador") apuntan a su condición de ogro obsesionado por el placer de matar y de devorar hasta el punto de que la dinámica subyacente del drama va encaminada a satisfacer sus apetitos.

Para alimentar y divertir a Monsieur es necesario servirse exageradamente de los recursos naturales de la estancia (basta hacer una lista de los ingredientes de los platos y de los animales cazados), lo que representa una transgresión a las leyes naturales y al balance biológico "...in most primitive societies there are certain rules for hunting. Too many animals may not be killed at a time. There are taboos. A certain number of animals must be spared if you do not want to disturb the natural balance of things and attract evil onto yourself, or the revenge of the spirit which protects the animals in general" (*Shadow* 190). Aún más, en los cuentos de hadas animales salvajes como el jabalí no deben ser matados puesto que representan instintos inarticulados, agresivos, no domesticados del ser humano que resultan mucho más útiles como acompañantes una vez son reconocidos como tales e integrados (Kast 25). El comportamiento irrespetuoso e inclusive depredador de Monsieur hacia el mundo natural lo hace merecedor de un final trágico que resulta también irónico por cuanto el cazador termina cazado por la pieza que iba a ser su más preciado trofeo.

La habilidad de Monsieur como cazador y señor de la estancia demuestra estar en decadencia en otro terreno paralelo al de la cacería: el amoroso. Su indiscutible rival en ambos campos es Medina y Olivares quien le mata su mascota predilecta, se convierte en campeón del tiro al pichón (mató 566 en 60 minutos) y además, según Nicole, "le calienta el seso a Madame" (13). Los disparos provenientes del parque que interrumpen y sirven de trasfondo a las conversaciones de la cocina ponen de presente lo explosivo de las emociones y la inminencia de una crisis. La horrenda muerte de Monsieur insertado en las "magníficas defensas del alunado" hace explícito su fracaso en el plano amoroso puesto que no sólo es salvajemente castrado sino que, literalmente, le han puesto los cuernos (en este caso, los colmillos combinan acertadamente la connotación tradicional de los cuernos a la vez que agregan la asociación con el apetito voraz). Este trágico incidente que Nicole actúa ante Elisa haciendo esfuerzos enormes para dominar la risa y "Ensartando un trozo de mirlo con la tijera exhibiéndolo en alto" (28) abre el paso a la llegada de un heredero que ha de reemplazar al rey tirano, caduco, gastado, burlado e impotente que debe ser eliminado, motivo también característico de los cuentos de hadas. Según observaciones hechas por Carl Jung y amplificadas por von Franz, "the prosperity of the whole country depends on the health and state of mind of the king, and if he becomes impotent or ill, he has to be killed and replaced by another king whose health and potency guarantee the fertility of the women and cattle as well as the prosperity of the whole tribe" (*Interpretation* 51-2).

El bebé de Elisa, sustituto de Monsieur en la jerarquía doméstica y social, representa la potencialidad generacional de instaurar nuevos patrones de autoridad y poder que lleven a recuperar el equilibrio perdido. La dinámica del drama, sin embargo, no se desarrolla en esta dirección sino que más bien identifica a Madame y Nicole como cómplices en el proceso de preservar el *statu quo*. Aparentemente Madame –combinación de reina y hada madrina– tiene intenciones de cuidar a Elisa como a una hija y "Le ha preparado un ajuar completo" a su bebé con mucha dedicación y amor (30). Dicha generosidad adquiere otra faceta si se examina a la luz del comentario de Proaño según el cual el "blanqueo" del bebé que Nicole sugiere en la escena 8 realmente "consistirá en crecer perfectamente asimilado al sistema, bajo el cuidado 'superior' de Madame". (7)

La escena final del drama corrobora esta observación al insinuar que Madame estuvo implicada en el crimen al pedirle a Funes —conocido por su "corazón duro como una piedra" (34)— que acompañara a Elisa en el camino. El papel que le corresponde a Nicole en la nueva situación se hace explícito en su última intervención cuando se dirige al bebé: "Madame y yo te vamos a cuidar mucho. Para que crezcas sano y fuerte". (34) En esta forma, los dos trofeos, la cabeza del jabalí y el hijo de Elisa, terminan ambos en manos de Nicole, la bruja transformada en madrastra de muchos cuentos de hadas. Como lo señala Maria Tatar en *Off with their Heads!*, en los juegos de niños descritos por Walter Scherf que involucran la figura de la bruja es curioso notar que "The child caught at the end is not only the witch's victim but also her successor. The child-victim thus quickly moves into the role of predator-villain" (210). La permanencia presente y futura de Nicole en el poder parece corroborada por esta imagen del final del drama que plantea simbólicamente la posibilidad de continuidad en las estructuras opresivas y violentas de autoridad y control. La apropiación de los hijos de las víctimas garantiza, en efecto, que no haya esperanza de cambio o regeneración.

El triunfo final de la bruja en el drama de Laragione implica, entonces, una re-escritura del desenlace más tradicional y marca una discrepancia significativa en cuanto a las expectativas generalmente asociadas con el género. En los cuentos de hadas los malvados reciben a menudo el castigo que han diseñado para otros, las víctimas rompen los hechizos, se vengan de sus opresores y recuperan el control de su destino. La función utópica de señalar la resolución a conflictos surgidos en un momento crítico se cumple cabalmente en la mayor parte de los cuentos. (Zipes 182, Tatar xxvii). *Cocinando con Elisa*, por el contrario, ofrece una visión distópica, ausente del patrón tradicional: Nicole termina impune y todavía con "la sartén por el mango".[12]

Una aproximación a los cuentos de hadas no debe concluir, sin embargo, en el punto determinado por el desenlace tradicional del género, como lo señala von Franz: "before I finish

an analysis or interpretation I always say to myself: to whom
has such a story to be told? Who needs that? And generally it is
just perfect for the nation where the story originated..." (*Shadow*
147). Los comentarios de Jorge Dubatti en el prólogo a la
edición argentina corroboran esta asociación entre historia-
receptores-contexto al ubicar el drama dentro de un marco po-
lítico-literario reconocido:

> Retomando las estructuras del "drama rural" de las pri-
> meras décadas de este siglo (José González Castillo, Alberto
> Weisbach, Rodolfo González Pacheco, Bernardo González
> Arrili), como resultado del fenómeno de "destemporaliza-
> ción" propio del teatro argentino actual, Laragione desa-
> rrolla una poética teatral política en la que el motivo del
> filicidio entronca con estructuras históricas recurrentes
> en la Argentina pero, por sobre todo, con el horror de la
> dictadura... Si durante la dictadura "la muerte estaba en
> todas partes", es un logro de Laragione haberla simboliza-
> do en una práctica tan cotidiana y comunitaria como la
> cocina (1999, pp. 8-9).

En efecto, el resurgir amenazante de la figura de la bruja
tradicional con sus estrategias de poder, los actos de violencia y
tortura con ella asociados e inclusive naturalizados mediante
su inscripción en un contexto cotidiano, y el patrón distópico
que apunta a la imposibilidad de desmantelar el principio de
autoridad así instaurado, evocan en conjunto la experiencia
argentina de la represión de la dictadura militar de 1976 a 1983.
Las reseñas a la dirección y puesta en escena de Villanueva
Cosse en Buenos Aires destacan cómo "la exquisitez de aromas
y sabores culinarios remite al matadero, la caza y otras cruel-
dades que aluden, metafóricamente, a ciertas perversiones de
la política" (Itzcovich 5). Aunque Laragione confiesa que en *Cocinando con Elisa* no "hubo un propósito conciente de reflejar el
horror de la dictadura y del secuestro de niños", sí reconoce *a
posteriori* que la experiencia trágica de la pieza está conectada
con su condición de argentina y con su permanencia en el país

"durante los llamados años de plomo". La experiencia de la violencia como praxis individual con Nicole como partícipe y
cómplice de un sistema represivo que ha internalizado y asimilado a su labor culinaria los detalles más horrendos evoca a
escala doméstica los atropellos documentados a nivel nacional
en *Nunca más* y en otras investigaciones similares sobre la
Guerra Sucia. Nicole vigila, pregunta, controla, manipula, planea, afila cuchillos, arranca entrañas, castra, disecciona, mutila,
mientras tararea "La vie en rose" (24, 33) en escenas que traen
a la memoria los casos en que oficiales nazis y de la Guerra
Sucia del Cono Sur ponían música de fondo en sus sesiones de
tortura[13]. Su labor queda inscrita en un contexto más amplio
en el que el principio dominante masculino —representado por
Monsieur/la Junta Militar— responde al impulso de Tanatos, y
el principio femenino de Eros —caracterizado por la expresión y
el desarrollo de la afectividad— desaparece (Elisa) o degenera
(Nicole, Madame) convirtiéndose en su aliado en la lucha por el
poder.

La historia da evidencia de que crueldad y violencia ex-
tremas son características compartidas por los cuentos de hadas
y los gobiernos totalitarios y dictatoriales, en una relación de
influencia mutua que resulta difícil de precisar. Aunque se ha
explorado, por ejemplo, cómo el nazismo se apropió de motivos
y personajes de los cuentos de hadas para promulgar y fortale-
cer sus postulados ideológicos con miras a justificar su misión
de exterminio (Zipes 134-169), todavía queda por examinar la
manera en que diversos elementos del género contribuyeron a
conformar la experiencia misma del holocausto (el motivo del
horno, por ejemplo).

Finalmente, la violencia explícita del drama tiene su
correlato en la relación texto-subtexto. En la misma forma en
que Nicole hace pedazos el mundo que la rodea para incorporarlo a su ritual culinario, *Cocinando con Elisa* fragmenta el
cuerpo de los cuentos de hadas para incorporarlo al ritual dramático. En otras palabras, el texto dramatúrgico lleva a cabo la
canibalización de su propio subtexto. El espectador recibe mi-
gajas y bocados de historias familiares que han sido sometidas

a un proceso de desarticulación, conservando sólo trazos míni-
mos del aroma y textura de su identidad original. El resultado
es un plato fuerte que condensa el escalofriante sabor de toda
una época. "My complements to the chef" y para futuros lecto-
res/espectadores de *Cocinando con Elisa*, "Bon appetit".

Kansas State University

Textos consultados

- Birkhauser-Oeri, Sibylle. *The Mother: Archetypal Image in Fairy Tales*. Toronto: University of Toronto Press, 1988.
- Bovenschen, Silvia. "The Contemporary Witch, the Historical Witch and the Witch Myth: The Witch, Subject of the Appropriation of Nature and Object of the Domination of Nature". *New German Critique: An Interdisciplinary Journal of German Studies* 15 (1978): 83-119.
- Dubatti, Jorge. Prólogo a *Cocinando con Elisa*. Buenos Aires: Ediciones Teatro Vivo, 1999: 7-10.
- Itzcovich, Mabel. "Entre manjares y podredumbre". Reseña de *Cocinando con Elisa* de Lucía Laragione. Teatro del Pueblo. *Clarín* 30 de junio de 1997: 5-6.
- Kast, Verena. "How Fairy Tales Deal with Evil". *Witches, Ogres, and the Devil's Daughter*. Jakoby, Kast y Riedel, editores. Boston: Shambhala, 1992: 16-39.
- Laragione, Lucía. *Cocinando con Elisa*. Manuscrito.
——". E-mail a la autora. 7 de febrero, 2000.
- Magnarelli, Sharon. "Theatre in Buenos Aires: July-August 1997". *Latin American Theatre Review* 31/2 (1998): 131-139.
- Proaño Gómez, Lola. "*Cocinando con Elisa*: la cocina, espacio y escena de la historia". Manuscrito.
- Propato, Cecilia. "El transcurrir de la cocina como el pasar de la vida". Reseña de *Cocinando con Elisa*. Manuscrito.
- Tatar, Maria. *Off with their Heads!: Fairy Tales and the Culture of Childhood*. Princeton, N.J.: Princeton University Press, 1992.
- Von Franz, Marie-Louise. *Archetypal Dimensions of the Psyche*. Boston: Shambhala, 1994.
——. *Archetypal Patterns in Fairy Tales*. Toronto: Inner City Books, 1997.
——. *The Feminine in Fairy Tales*. Boston: Shambhala, 1993.
——. *The Interpretation of Fairy Tales*. Boston: Shambhala, 1996.
——. *The Psychological Meaning of Redemption Motifs In Fairy Tales*. Toronto: Inner City Books, 1980.
——. *Shadow and Evil in Fairy Tales*. Boston: Shambhala, 1995.
Walker, Barbara. *The Woman's Dictionary of Symbols and Sacred*

Objects. New York: HarperCollins Publishers, 1988.

——— *The Woman's Encyclopedia of Myths and Secrets*. New York: HarperCollins Publishers, 1983.

- Warner, Marina. *From the Beast to the Blonde: On Fairy Tales and their Tellers*. New York: The Noonday Press, 1994.

- Woodman, Marion. *Addiction to Perfection*. Toronto: Inner City Books, 1982.

———. *The Ravaged Bridegroom*. Toronto: Inner City Books, 1990.

- Zipes, Jack. *Fairy Tale as Myth/Myth as Fairy Tale*. Lexington, Ky: University Press of Kentucky, 1994.

- Zunino, Pablo. "La cocina está que arde". Reseña de *Cocinando con Elisa*.

Notas

[1] Artículo publicado en *Latin American Theatre Review* (2005, v. 38, n. 2, pp. 5-22), revista especializada editada por The Center of Latin American Studies, University of Kansas, Estados Unidos, bajo la dirección de George Woodyard. Se trata de una ampliación de la ponencia presentada en la *IV Conferencia de Teatro Latinoamericano* en Lawrence, KS, en abril de 2000.

[2] La puesta en escena en Madrid en la Sala Cuarta Pared (22 de noviembre a 17 de diciembre de 1995) estuvo a cargo de Juan Antonio Hormigón, con Rosa Vicente en el papel de Nicole y Carmen Martínez en el de Elisa. La temporada de Buenos Aires estuvo dirigida por Villanueva Cosse en el Teatro del Pueblo con Norma Pons como Nicole y Ana Yovino como Elisa en 1997.

3 Le agradezco muy especialmente a la Sra. Laragione el haber contestado con gran paciencia y de manera detallada a mis preguntas y el haberme facilitado generosamente reseñas y programas sobre el drama e información sobre su trayectoria literaria.

4 La producción literaria de Laragione abarca poesía, literatura infantil y juvenil y obras de teatro. En el primer grupo se incluyen *Poemas angelicales* (1973) y *La rosa inexistente* (1979). Al segundo corresponden *La bicicleta voladora* (1984), *Llorar de risa* (1989), *El pirata* y *la luna* (1991), *El mar en la piedra* (1993), *Amores que matan* (1997) y *Tratado Universal de Monstruos* (1999). Además de *Cocinando con Elisa*, tiene otras obras de teatro: *La fogarata* (1997) y *El silencio de las tortugas* (1999). Su último drama, *Criaturas de aire*, "texto enmarcado en la complicidad de Perón con los criminales nazis a los que dio refugio", fue publicada en 2001 en la colección del Premio María Teresa León, certamen en el que obtuvo una mención. Se publicó de nuevo en 2003 en Argentina y en abril de 2004 fue estrenada en el Teatro Anfitrión bajo la dirección de Luciano Cáceres.

5 Una vez escrita la obra, Laragione notó que la figura de Nicole posiblemente estuvo inspirada en una empleada de su infancia: "Elisa era el nombre de la cocinera que, cuando yo era chica, trabajaba en casa de mis tíos. Era una mujer mayor, soltera, con la piel muy blanca (usaba polvos muy claros) y los labios muy finos y pintados de rojo. Uno podía imaginarla llena de malos deseos debajo de su máscara empolvada". En su reseña sobre la puesta en escena en Buenos Aires, Pablo Zunino describe elogiosamente la aparición impactante de Nicole (Pons) en la escena y su acertada interpretación: "El pelo recogido, el rostro sin maquillaje, la adustez del gesto: parece una institutriz o un ama de llaves salida de una película inglesa... Pero después emerge la criolla ladina, una caníbal que se ceba cazando ratas o explicando con goce de torturador cómo se capan animales o cómo se los hierve vivos... Es una prodigiosa síntesis de muchos estilos de actuación..."

6 Birkhauser-Oeri comenta rspecto a las emociones y pasiones: "The are often described in terms of fire. We speak of fiery passions, or we say someone has flared up in anger. Smoldering hatred is like a slow-burnig fire" (69). Von Franz agrega otra dimensión a la relación fuegp-cocina in *Archetypal Patterns*: "The fire, especially the fire in the kitchen, is akin to the alchemical fire. It is the fire of affect and emotion, but it is contained and used for the transformation of food. In alchemical symbolism, fire an cooking denote a continuous warm participation or interest, an emotional concentration on the process" (78). En el caso de Nicole, la participación emocional es de carácter destructivo, obviamente.

7 En este mismo libro, von Franz examina la función de las agujas, espinas y otros objetos punzantes en la brujería desde tiempos

inmemoriales. Como medios de proyección, constituyen la forma más
antigua y universal de enviar enfermedades y maldiciones a los enemigos (52-3).

[8] Se han sugerido varias interpretaciones a la presencia de la rata en la
cocina de Nicole. En su reseña de la pieza, Cecilia Propato la conside-
ra símbolo de una presencia extraña perturbadora proveniente del
mundo exterior. Menos claras son sus asociaciones con el capataz
("Matar a la rata es matarlo a él que parece haberla hecho sufrir") o el
considerar la rata "como espejo del origen humilde de Nicole que ella
tapa y adorna con nombres franceses".

[9] Varias diosas griegas de la naturaleza asumieron la forma de una
vaca o tenían atributos que podían asociarse con este animal. Hera,
por ejemplo, tenía ojos de vaca. La vaca sagrada de la India alude
precisamente a la relación de la madre divina con la tierra. (Birkhauser-
Oeri 140-1)

[10] En muchos cuentos de hadas la ropa juega un papel decisivo como
es el caso de "El traje nuevo del emperador" o "Los seis cisnes". Las
camisas, capas o vestidos pueden ser un medio de hechizo o de
redención. El vestido que recibe Elisa apunta a la segunda de estas
categorías como invitación simbólica al baile, a la vida, a la alegría,
lejos del poder de Nicole.

[11] En su reseña sobre la temporada de teatro en Buenos Aires de julio
a agosto de 1997, Sharon Magnarelli señala la ambigüedad de las
motivaciones del crimen de Nicole: "It is not completely clear if she
has killed her to rid the world of the 'mugre' to which she has several
times made reference, to be able to keep her baby, or because the
young woman was abandoning the life style the cook had tried to
teach and impose on her" (137).

[12] Proaño plantea la utopía liberadora del drama como la esperanza de
la reconstrucción de la identidad política e histórica de Elisa. A ella
opone la distopía como la negación de dicha posibilidad en un contexto donde priman el pesimismo y el terror. Incidentes recientes en
Argentina como crímenes y amenazas impunes contra individuos y
grupos como el de los periodistas, casos de rapto, muerte y violación
no resueltos y otros similares parecen indicar para Proaño la res-
ponsabilidad del estado en generar tal visión distópica (9).

[13] *La muerte* y *la doncella* de Ariel Dorfman se enfoca precisamente en
la asociación tortura-música de fondo que ha sido integrada a sesiones de tortura en varios países y épocas.

COCINANDO CON ELISA

COCINANDO CON ELISA

Escena 1

Una cocina en un establecimiento de campo. De las vigas cuelgan animales de caza: aves y liebres. La cocina es a leña, las ollas de hierro. Una ventana permite a los personajes asomarse al parque. Nicole, la cocinera, es una mujer de unos 60 años, alta, huesuda, de cabello corto y gris. Cuando nombra los platos en francés, pronuncia exageradamente, como alguien que repite una lección. Elisa, la aprendiza, tiene poco más de 20 años, es de aspecto menudo y frágil.

NICOLE: Bueno, Elisa, empezaremos por "les cotelettes de grives à la bros", un plato de la cocina de Orleans. Una cocina noble, pura y sencilla como los bellos pasajes del Loire y donde destacan los platos de caza : "pâté d'alouettes de Bois y de Pithiviers, pâté de Cailles, terrines de gibier...". ¿Me sigue, Elisa? *(Pausa.)* Bueno, no importa ... Ya se irá haciendo el oído al idioma y al nombre de los platos. A ver, repita conmigo : "co-te-le-ttes de gri-ves à la bros". Vamos, ¡anímese!

ELISA: *(Lo intenta pero le sale mal.)*

NICOLE: *(Suspirando.)* Deje, deje... Dígalo en criollo nomás: "chuletas de tordos". Francamente, yo hubiera preferido alguien con más experiencia... Pero si Madame la eligió.... *(Pausa.)*

¿Dónde me dijo que había trabajado antes?
ELISA: En una panadería.
NICOLE: ¿Amasaba?
ELISA: Despachaba. *(Pausa.)* Y para las fiestas ayudaba a cocinar el lechón.
NICOLE: Mire, no puedo imaginarme qué le vio Madame. Pero
hay algo que tiene que quedar claro: está aquí porque dentro de unos meses yo viajo y no será usted quien me arruine
ese viaje.

*De una liebre colgada de la viga cae sangre sobre el rostro de
Elisa. Elisa pega un grito.*

NICOLE: Pero, ¡qué torpeza! ¡Ponerse justo debajo de la liebre
que está desangrándose!
ELISA: No me di cuenta.
NICOLE: Si quiere quedarse aquí, tendrá que aprender rápido.
Bueno, no perdamos más tiempo. Empecemos con los tor-
dos. Tienen que ser 20 ¿Son 20?
ELISA: Los conté más de una vez.
NICOLE: Veamos... *(Contándolos rápidamente.)* Hay 19.
ELISA: No puede.ser.
NICOLE: ¿No puede ser?
ELISA: Quiero decir...
NICOLE: Que los contó mal. ¿A ver?
ELISA: Había 20.
NICOLE: Entonces, ¿uno se voló?
ELISA: No, no. Pero...
NICOLE: Insiste. Bueno, si dice que había 20, encuentre el que
falta. *(Mientras Elisa busca.)* Madame y Monsieur acostum-
bran a comer 10 tordos cada uno.
ELISA: Tiene que estar en algún lado.
NICOLE: Eso ya lo dijo. ¿Dónde? *(Pausa.)* Es una cuestión de
olfato. Para la cocina, hay que tener olfato. Usted, ¿lo tie-
ne? *(Levanta la tapa de una olla.)* ¿Se fijó aquí?
ELISA: ¡Aquí está! ¿Quién pudo haberlo puesto?
NICOLE: Usted, naturalmente.

ELISA: No, no fui yo.

NICOLE: ¿Insinúa que lo hice yo?

ELISA: No dije eso.

NICOLE: ¿Y qué dijo?

ELISA: Que yo no lo puse ahí.

NICOLE: Si no fue usted, fui yo. Aquí no hay nadie más.

ELISA: ¿Usted?

NICOLE: Eso dice.

ELISA: Yo digo... Ya no sé lo que digo.

NICOLE: Ni lo que hace. Seguramente lo puso ahí y luego se olvidó. Estaría pensando en otra cosa. Todas las muchachas de su edad siempre piensan en otra cosa. Le dije a Madame: prefiero alguien mayor. Pero Madame siempre cree que sabe más que yo.

ELISA: Le juro que prestaré mucha atención. No volverá a pasar algo así.

NICOLE: ¿Está segura?

ELISA: Quiero hacer las cosas bien. Quiero aprender. Ser una gran cocinera como usted.

NICOLE: ¿Como yo? Yo me formé con los grandes. Los maestros de "la cuisine à l'ancienne". El gran Prosper Montagné. Casimir, chef de la Maison Doré. Curnosky... *(Se interrumpe como si comprendiera que es inútil seguir hablando.)* No creo que pueda apreciar lo que esto significa.

ELISA: Quiero aprender, señora.

NICOLE: No me diga señora. Llámeme Nicole. Aprender, aprender... Como si fuera tan fácil. Años y años de trabajo. Desplumando, vaciando, embridando, flameando, escaldando, albardando, deshuesando, capando.

ELISA: Haré todo lo que usted me diga.

NICOLE: Sigamos con los tordos. Escúcheme atentamente. Le diré paso a paso lo que tiene que hacer. Tome un tordo. Clave un cuchillo en el esternón. Haga un corte hasta la rabadilla. Bien, ahora hay que arrancarle las entrañas con sumo cuidado. No deben deshacerse: son preciosas. Con las entrañas, el hígado y los intestinos, prepararemos el relleno al que añadimos *(Va haciendo lo que dice.)* un vasi-

to de Armagnac, lo rebajamos con Skiedam y ginebra de
Vambrochies. *(Empina la mezcla.)* Ah, ¡qué buena mezcla!
Pique, pique, pique... Suficiente. *(Elisa mezcla el picadillo
con las bebidas.)* ¿Terminó? Que se impregne. Bien. Ahora
hay que deshuesarlo. Fíjese bien. Se toma una tijera filosa
y se lo corta por ambos lados del estómago y por debajo de
los riñones... ¿Qué le pasa? No me diga que se impresiona...
ELISA: No, no. Es que me parece tan chiquito...
NICOLE: Es chiquito y eso exige un corte hábil y preciso. *(Gol-
pea al tordo con un hacha pequeña.)* Así. Partido en dos se
separan los filetes y las patas. Cortamos las uñas y con las
patas, haremos las chuletas. ¿Me sigue?
ELISA: Sí.
NICOLE: ¿Se anima a seguir sola?
ELISA: ¿Sola?
NICOLE: Eso dije.
ELISA: Bueno.
NICOLE: Así me gusta. Que sea decidida, valiente. *(Pausa.)* Cuan-
do termine con los tordos, saldrá a cazar.
ELISA: ¿A cazar?
NICOLE: Una caza menor. En el parque.
ELISA: Con este viento...
NICOLE: Necesito caracoles. Le enseñaré a preparar "Escargots à
la narbonnaise", uno de los platos preferidos por Monsieur.
Un plato de la cocina languedocienne. Una cocina activa y
soñadora a la vez, pero, por sobre todo, armoniosa. *(Pau-
sa.)* Sesenta docenas de caracoles, Elisa, exactamente 720.
ELISA: ¡¿720?! ¿Para cuándo los quiere?
NICOLE: Para mañana. *(Pausa.)* No se preocupe, Elisa. Los ca-
zará. El parque es grande, lo habrá visto. Va desde la
montaña hasta el mar. El bisabuelo de Monsieur, que era
un feroz cazador, ganó la tierra a los indios. *(Pausa.)* Un
consejo: abríguese bien. El viento sopla muy fuerte y esas
nubes negras anuncian tormenta.
ELISA: ¡720!

Escena 2

NICOLE: ¿Entibió el agua?

ELISA: Sí, lo hice.

NICOLE: ¿Le puso sal en cantidad suficiente?

ELISA: Sí.

NICOLE: Bien. Ahora hay que agregarle vinagre. ¿Cuántos días de ayuno llevan los caracoles?

ELISA: Unos diez días, creo...

NICOLE: ¿Creó? ¿No lo anotó?

ELISA: No.

NICOLE: Yo sí lo hice. Tienen que ser diez días exactamente. A ver... Menos mal, hoy se cumplen diez días.

NICOLE: Ponga a macerar los caracoles.

ELISA: ¿Qué es macerar?

NICOLE: Agegue dos litros de vinagre al agua.Recuerde que debe cambiarla varias veces. La última, por agua fría. (Pausa.) Finalmente no le fue tan difícil reunir los caracoles.

ELISA: La verdad es que tuve ayuda.

NICOLE: ¿Quién?

ELISA: El capataz me ayudó. Funes, creo que se llama.

NICOLE: ¿Me quiere decir quién mierda la autorizó a hablar con Funes?

ELISA: Nadie... yo... él se ofreció.

NICOLE: El siempre se ofrece. A mí no me importa que ande detrás de otras polleras. Pero pobre de él, pobre de él si se mete en mi cocina. (Pausa.) ¿Sabe cómo hacer para que los caracoles se desprendan de sus cáscaras?

ELISA: ¿Me lo dijo?

NICOLE: Charle menos con Funes y preste más atención aquí. Hay que hacerlos hervir en agua con sal, pimienta y una hoja de laurel. Anótelo porque se va a olvidar. ¿Dónde está el cuaderno y el lápiz que le di? (Pausa.) ¡Vamos! ¿Qué espera? Cuando la cáscara de los caracoles se haya desprendido, se los escurre y se les echa agua salpimentada, aceite de oliva y tres o cuatro dientes de ajo triturado.

ELISA: (Repite mientras anota.) Agua salpimentada, aceite de oliva y ajo bien triturado.

NICOLE: ¿Cuánto ajo le dije?

ELISA: *(Sobresaltada como si la hubieran pescado en falta.)* ¡Tres! ¡Tres dientes!

NICOLE: ¿Sabe que no? Le dije 3 ó 4. No le dije 3. Bueno, sigamos. *(Pausa.)* ¿Y ahora qué le pasa?

ELISA: Hay un olor raro ¿no?

NICOLE: ¿Olor a qué?

ELISA: Raro...

NICOLE: ¿No lo reconoce o no lo quiere decir? ¿Olor a qué?

ELISA: A podrido.

NICOLE: ¡Bien, Elisa, bien! Olor a podrido. Claro que sí. Es el faisán, el faisán allá arriba. El faisán faisandé es uno de los platos más deliciosos de la cuisine à l'ancienne.

ELISA: Pero debe tener gusto a podrido.

NICOLE: Justamente. Ese es su encanto. Ya probará el faisán cuando esté en su punto.

ELISA: ¿Yo?

NICOLE: Por supuesto. Un cocinero debe probar todos los sabores. L'andouillette, por ejemplo. La buena andouillette se reconoce porque "ça sent la merde". ¿Entiende querida?

ELISA: ¿Qué quiere decir merde?

NICOLE: Merde quiere decir ... mierda. L'andouillette está hecha de tripa de vaca. La buena andouillette es aquélla donde quedan restos de mierda ¿Le da asco?

ELISA: Sí... no, no. Lo que pasa es que no estoy acostumbrada.

NICOLE: Ya se acostumbrará. Y se dará cuenta de que todo, todo se puede comer. Empezará por el faisán.... ¡Ah, mi Dios! ¡El faisán! ¡Le falta un pedazo! ¡Le han arrancado un pedazo!

ELISA: ¡Yo no fui!

NICOLE: ¡Una rata! ¡Una rata ha entrado en mi cocina! ¡Animal asqueroso! ¡Te voy a hacer picadillo!
Si te gusta el faisán, te voy a preparar un plato especial. No sabés con quién te has metido. *(A Elisa.)* ¿Le hablé de la mayonesa?

ELISA: *(Con desesperación, como si se hubiera olvidado de algo.)*

¿La mayonesa?

NICOLE: La mayonesa para los caracoles.

ELISA: Ah, no, no.

NICOLE: La mayonesa para los caracoles se prepara bien espesa. Se bate con cuidado para que no se corte. Ya preparada,
se echa sobre los caracoles y ¡listo uno de los platos preferidos de Monsieur! A propósito, ¿ya conoció a Monsieur?

ELISA: No, no lo he visto todavía.

NICOLE: Bien. Entonces, le doy un consejo: si no le gusta que
la soben, no se acerque demasiado. No me mire así. Usted
es joven y a Monsieur le gusta la carne fresca. De modo
que ya sabe... Ahora, tome esa bandeja que acabo de preparar y súbala al pub. Es la hora del trago de Monsieur.
(Cuando Elisa sale, Nicole dice.) Rata asquerosa.

Escena 3

*Elisa, sola en la cocina, baila sosteniendo un vestido blanco, de
fiesta contra su cuerpo. Tararea una especie de vals. Entra Nicole.*

NICOLE: ¿Pero qué es esto? ¿Qué hace?

ELISA: *(Deteniéndose de golpe, en actitud culpable, dice, por el
vestido.)* Madame me lo regaló...

NICOLE: ¿Qué? Madame se lo regaló...

ELISA: *(Apretando el vestido contra su cuerpo.)* Le queda chico.

NICOLE: Deme eso aquí.

ELISA: Madame...

NICOLE: Se lo regaló. Ya lo oí.

ELISA: Lo voy a guardar.

NICOLE: No se preocupe. No se lo voy a quitar. A mí no me entra
ni en la nariz. *(Pausa.)* Démelo, por favor. *(Elisa se lo da.)*

NICOLE: ¿Dónde lo va a usar, Elisa? ¿En el baile del pueblo?
Madame tiene cada idea...

*Nicole lo dobla con cuidado y lo pone en un estante. En el estante
de arriba, hay frascos con conservas.*

ELISA: Cuidado, que no se ensucie.
NICOLE: Ahí está muy bien. Ahora, a lo nuestro. Vamos a ver cómo está el adobo... *(Huele la fuente donde está el conejo en adobo y se la hace oler a Elisa.)* Huele muy bien. Escurra trozo por trozo y séquelos con un repasador limpio. *(Se sirve un licorcito y lo empina.)* ¿Puso las ciruelas en remojo?
ELISA: Usted no me dijo...
NICOLE: Por supuesto que sí. El plato es "conejo con ciruelas pasas". Imposible olvidar las ciruelas.
ELISA: *(Empecinada.)* No me dijo.
NICOLE: No sea cabeza dura. Claro que se lo dije. Se lo dije y usted lo anotó. A ver, déme su cuaderno de apuntes.
ELISA: No.
NICOLE: ¿No? ¿Me está diciendo que no?
ELISA: ¡No!
NICOLE: Me está sacando de mis casillas. ¿Dónde está su cuaderno?
ELISA: No sé, no sé...
NICOLE: ¿No sabe qué...? ¿Lo perdió? *(Descubriéndolo en un rincón.)* Pero no, si está ahí....

Las dos se abalanzan y Elisa llega primero, lo toma y lo aprieta contra su pecho.

NICOLE: *(Tironeando.)* ¡Deme aquí!
ELISA: *(Defendiendo el cuaderno.)* No sé, no sé...
NICOLE: *(Arrancándoselo.)* ¿No sabe? ¿No sabe qué? *(Mirando lo que Elisa anotó.)* ¿Pero qué es esto? ¿Qué son estos garabatos?
ELISA: *(Muy rápido.)* Tengo mucha cabeza. Voy a aprender.
NICOLE: *(Dándose cuenta.)* ¡No sabe escribir! ¡Dios mío! ¡Lo único que me faltaba!
ELISA: *(Recitando muy rápido.)* Amar a Dios por sobre todas las cosas, no usar su santo nombre en vano, santificar las fiestas, honrar al padre y a la madre, no matar, no fornicar, no robar, no levantar falso testimonio ni mentir, no desear la mujer del prójimo, no codiciar los bienes ajenos.

NICOLE: ¿Qué hace ahora?
ELISA: El catecismo. Me lo sé todo. El padre Pablo dice que yo tengo cabeza. Que aprendo más que todas. Yo pecador me confieso a Dios todo poderoso a la bienaventurada siempre virgen María, al bienaventurado San Miguel Arcángel, al bienaventurado Juan Bautista, a los santos apóstoles San Pedro y San Pablo, a todos los santos y a vos, padre, que pequé gravemente con el pensamiento, palabra y obra. Por mi culpa, por mi culpa, por mi grandísima culpa.
NICOLE: ¿De veras? ¡Vamos a ver! Ahora haga lo que debió hacer esta mañana. ¡Ponga las ciruelas en remojo! ¿O la señorita analfabeta prefiere seguir bailando? ¡Ay, Dios mío! Y encima Madame le da alas y le hace creer quién sabe qué. ¡Ya van a bailar las dos cuando yo no esté! ¡Porque yo de vacaciones me voy, eh! ¡Me voy aunque Madame no lo crea! *(Con tono de sospecha.)* ¿Reservó la sangre?
ELISA: Sí, sí, lo hice.
NICOLE: ¿Dónde está?
ELISA: *(Señalando el estante donde están los frascos de conservas.)* Allí.
NICOLE: Bien. *(Pausa.)* Ahora va a mezclar el caldo y el líquido del adobo. ¡Ah, no, no, espere! Mejor con vino tinto. Abra esa botella, sirva un tercio en una copa. *(Por la copa.)* ¡Démela aquí! Ahora el resto lo mezcla con el adobo.
ELISA: *(Por el líquido del adobo y el vino.)* ¿Los mezclo?
NICOLE: Sí. ¡No! Espere un minuto. *(Se sirve un poco más del vino del que estaba reservado.)* Ahora sí.

Elisa mezcla los líquidos y se los alcanza a Nicole.

NICOLE: Rociamos el conejo y... *(Pega un grito.)*
ELISA: *(Muy sobresaltada.)* ¿Qué hice?
NICOLE: ¡La rata!
ELISA: ¿Dónde?
NICOLE: ¡Allí va! *(Señalando el estante de las conservas.)* Se metió ahí.

Elisa intenta rescatar su vestido

NICOLE: *(La detiene.)* ¡Quieta! ¡No la espante! ¡Es mía!

ELISA: ¡Por favor!

NICOLE: *(Quitando uno de los frascos.)* ¡La tengo! *(Pausa.)* ¡Maldita rata!

NICOLE: *(Retirando bruscamente otro frasco.)* ¿Aquí está? *(Se vuelca el frasco donde estaba reservada la sangre del conejo y cae sobre el vestido, manchándolo.)*

ELISA: ¡Mi vestido!

NICOLE: ¡Se escapó por un pelo!

ELISA: ¡Se arruinó!

NICOLE: Allí se metió, en ese agujero. ¡La voy a hacer paté!

ELISA: *(Desplegando el vestido ensangrentado.)* Mi vestido se arruinó.

NICOLE: ¡La salsa!

ELISA: *(Por el vestido.)* ¡Es sangre! ¡Sangre!

NICOLE: ¡Sangre! Hay que matar otro conejo. *(A Elisa.)* ¡Vaya a buscar otro conejo ya mismo! Necesito la sangre para espesar la salsa.

ELISA: ¿Y mi vestido? ¿Qué voy a hacer?

NICOLE: El vestido es lo de menos. Se lava. ¡Vaya a buscar otro conejo ya mismo!

ELISA: *(Por la mancha en el vestido.)* ¿Y si no sale?

NICOLE: Por supuesto que sale. Hay que ponerlo a remojar en agua fría. El agua, como el vino, disuelve la sangre. Y ahora vaya, ¡ya mismo!

Elisa sale llevando contra su pecho el vestido ensangrentado.

NICOLE: *(Empinando el vino tinto.)* ¡Ah, le bon rouge! Disuelve la sangre... ¡ y tantas otras cosas!

Escena 4

NICOLE: ¡Acción, Elisa, acción! ¡No hay tiempo que perder! Tenemos un invitado especial y hay mucho que cocinar. Empezaremos por los cangrejos.

ELISA: ¡Que barullo meten estos bichos!
NICOLE: Golpean con las pinzas. *(Pausa.)* Hay que caparlos, Elisa.
ELISA: ¿Caparlos? ¿Y dónde tienen...?
NICOLE: ¿Ve este apéndice aquí debajo de la cola?
ELISA: ¿Esa cosa negra, chiquita...? ¿Qué molesta?
NICOLE: Tiene mal gusto. Se arranca asi.
ELISA: *(Impresionada.)* Golpea mucho más fuerte. Se ve que sufre.
NICOLE: ¿Y qué quiere? ¿Que aplauda? *(Pausa.)* Prepararemos uno de los platos más sublimes de la cocina de la Bresse: "les ecrevisses cardinalisés de Monsieur le Prieur".
ELISA: ¿Qué?
NICOLE: Cangrejos cardinalizados del Señor Prior. Ponga a hervir el agua y cape los cangrejos. Yo me ocuparé de las alondras. *(Mientras las corta y deshuesa, canta.)* "Alouette, gentille alouette, alouette, je te plumerai, je te plumerai la tete, je te plumerai le bec. Alouette, gentille alouette..."

Elisa lucha con los cangrejos y con su propio sufrimiento.

NICOLE: ¿Y? ¿Cómo va? ¿Terminó con los cangrejos?
ELISA: *(Mientras lucha con ellos.)* Casi.
NICOLE: Quiero que reduzca una salsa: vino blanco seco, aromatizado con cebollas, echalotes, tomillo, sal, perejil...
ELISA: *(Mientras sigue luchando con los cangrejos, se ve obligada, además a memorizar los ingredientes, repite.)* Vino blanco, cebollas, tomillo, tomillo...

Desde afuera llega el ruido de disparos que sobresaltan a Elisa. Nicole se asoma por la ventana.

NICOLE: ¡Ah, ya está ahí, ya empezó, el que le calienta el seso a Madame! *(Imitando a Madame.)* ¡Ah, Medina y Olivares, usted siempre tan encantador...! Esta Madame...
ELISA: *(También asomada al ventanal.)* ¡Están disparando a los pichones!
NICOLE: Justement. El señor de Medina y Olivares es campeón

de tiro al pichón. El año pasado apostó que mataría por lo
menos 500 pichones en 60 minutos... ¿Se fijó si está hir-
viendo el agua?
ELISA: Está hirviendo. ¿Y qué pasó? Con la apuesta, digo...
NICOLE: La ganó. En 60 minutos, disparando a 45 metros y
matando 566 pichones. Ponga a hervir los cangrejos.
ELISA: Pero... ¡están vivos!
NICOLE: (Entre dientes.) Tienen que hervir hasta que se pon-
gan rojos como el traje de un cardenal...
ELISA: ¡Están vivos!

Se oyen nuevos disparos.

NICOLE: Otra vez el señor de Medina y Olivares. El año pasado,
pese a ganar la apuesta, se quedó con la sangre en el ojo:
él hubiera querido cazar el ciervo que cazó Monsieur. Y
este año, disputarán el jabalí. *(Imitando el tono de Monsieur.)*
Nicole, me dijo Monsieur -mientras saboreaba un rarísimo
vino dorado, un Musigny blanco- Nicole, ese imbécil de
Medina y Olivares jamás me ganará las magníficas defen-
sas del alunado.
ELISA: ¡¿Las magníficas defensas del alunado?! ¿Y eso qué es?
NICOLE: Las defensas son los colmillos del jabalí. Y se le dice
alunado porque le han crecido tanto que tienen forma de
media luna.
ELISA: ¿Y cuánto miden?
NICOLE: Eso pregúnteselo a Monsieur. El se lo explicará con
mucho gusto.
ELISA: ¿A Monsieur? Me da vergüenza.
NICOLE: Pregúntele a Funes, entonces. El también sabe... ¿O
acaso me va a decir que le da vergüenza?
ELISA: *(Pausa.)* ¿Quiere probar la salsa?
NICOLE: No está mal, no está mal... Ahora hay que sazonarla
con sal, pimienta y una pizca de cayenne.
ELISA: *(Repite para sí.)* Sal, pimienta y ¿qué?
NICOLE: El señor de Medina y Olivares jamás podrá ganarle a
Monsieur . Porque Monsieur tiene a su perro, Dandy, un

feroz cazador de jabalíes.

ELISA: Una pizca de... una pizca de...

Empeñada en recordar, Elisa prácticamente no oye lo que Nicole le ha dicho. Pero ahora se oyen nuevos disparos, corridas y lamentos. Nicole y Elisa corren hacia la ventana.

ELISA: ¡Hirieron a alguien! *(Corre hacia la salida.)*

NICOLE: ¿Adónde va?

ELISA: Tal vez necesiten ayuda.

NICOLE: De usted, no.

ELISA: Pero alguien tiene que...

NICOLE: Shhhhh. El único lugar dondé usted es necesaria es éste. Siga trabajando. Y rápido. Porque haya pasado lo que haya pasado la comida debe estar lista a la una en punto. A la una en punto, Elisa. *(Sale Nicole.)*

ELISA: ¿Una pizca de qué?

Escena 5

NICOLE: ¡Nada mejor que una buena receta turonesa para devolver la alegría, la salud y la vida! ¿Está listo el caldo de buey?

ELISA: Sí, Nicole. Frío y desgrasado, como me pidió.

NICOLE: Bien. Las recetas turonesas, Elisa, según lo dice el gran Prosper Montagné, combinan la vitalidad y la joie de vivre rabelesianas con el espíritu de Descartes. En otras palabras: es una cocina clara, sencilla, lógica y que haría revivir a un muerto.Vaya nomás.

ELISA: Monsieur hace una semana que no se levanta de la cama.

NICOLE: Justement. "Le potage creme d'argouanne" le devolverá las ganas de vivir y de cazar.

ELISA: Trocé el conejo y puse la mitad en la olla.

NICOLE: Pero no en esa olla. No en la de aluminio.

ELISA: Ya mismo lo cambio.

NICOLE: No, déjelo. Ya se jodió. Use la otra mitad. Con ésa, le prepararé una comidita a mi rata.

ELISA: ¿A su rata?

NICOLE: Es un animal endiabladamente astuto y resistente. Se las arregla para comer, apartando el veneno. Pero como le pongo enormes cantidades, debe tragar más de lo que quiere. Vamos a ver cuánto tiempo aguanta.

ELISA: *(Conteniendo una náusea.)* ¡Pobre señor! ¿No?

NICOLE: ¿De quién habla?

ELISA: Del señor de Medina y Olivares,

NICOLE: ¡¿Pobre?! ¿Está hablando en serio? ¿Y qué habría que decir entonces de Monsieur que vio morir a su mejor perro baleado por el que creía su mejor amigo?

ELISA: Fue un accidente.

NICOLE: ¿Un accidente? Usted es muy ingenua, querida. Estoy segura de que Medina y Olivares estaba decidido a lo que fuera con tal de evitar que Monsieur cazara el jabalí alunado y se apropiara de sus magníficas defensas. *(Pausa.)* A propósito... ¿le preguntó a Funes cuánto miden los colmillos?

ELISA: *(Conteniendo una nueva náusea.)* No.

NICOLE: ¿Se siente mal?

ELISA: *(Es evidente que se siente mal.)* No.

NICOLE: Monsieur adoraba a ese perro. Sin exagerar era como el hijo que no tuvo. En fin... ¿A qué llorar sobre la leche derramada? Ahora lo único importante es que Monsieur se reponga.

ELISA: *(Luchando con su malestar.)* Tampoco a Madame se la ve bien.

NICOLE: No. Sufre de continuas sofocaciones y calores desde que "nuestro encantador Medina y Olivares" fue echado por Monsieur a las patadas... *(Pausa.)* Ojalá yo tuviera lo que ella necesita.

ELISA: Ya trocé el cerdo y la ternera.

NICOLE: *(Sirviéndose otro vaso de vino.)* En este vaso cabe la esencia del espíritu francés. Vamos, vamos, ¿qué le pasa?

ELISA: Nada, nada. Un mareo.

NICOLE: Hay que dormir de noche, Elisa.

ELISA: ¿Por qué me dice eso?

NICOLE: La he visto volver a las 6 de la mañana. Del baile seguramente.

ELISA: ¿Me vigila?

NICOLE: Nada de eso. Trabajaba cerca de la ventana con mis gobelinos - una antigua artesanía que data del siglo XV- y aprovechaba la mejor luz: la del alba. La vi llegar, con Funes, me pareció.

ELISA: Era domingo. Puedo hacer lo que quiero con mi vida.

NICOLE: Por supuesto, por supuesto que sí. Pero, ¿sabe, Elisa? las mujeres que andan con Funes...

ELISA: Yo no ando con Funes.

NICOLE: Las mujeres que andan con Funes, terminan mal, Elisa. *(Pausa.)* Trasvase el caldo a la olla de las carnes. Con mucho cuidado. Que no se derrame ni una gota.

Cuando Elisa está trasvasando el caldo, se marea. Parece que va a desvanecerse. El caldo se derrama.

NICOLE: ¡Torpe! ¡Inútil! ¡Desgraciada! ¡Analfabeta! ¡Arruinó la sopa de Monsieur! Espere a que Madame lo sepa. Tendrá que darme la razón. La pondrá de patitas en la calle.

Nuevamente parece que Elisa va a desvanecerse. Nicole la sostiene.

NICOLE: ¿Y ahora qué le pasa? ¿O no es suficiente con lo que ya hizo? *(Abofeteándola.)* ¡Vamos, vamos! ¡Reaccione!

ELISA: Déjeme, por favor. Ya pasó, ya pasó.

NICOLE: Esto no va a quedar así. Hablaré ahora mismo con Madame.

ELISA: Nicole, por favor, le aseguro que no volverá a pasar.

NICOLE: ¡Por supuesto que no volverá a pasar! ¡De ninguna manera volverá a pasar! No debemos perder ni un solo segundo más con usted. Esta vez, Madame me dejará elegir a mí. Aceptará que ha metido la pata hasta el caracú.

Escena 6

NICOLE: *(Examinando unos restos de comida.)* Esta vez dejaste los huesos limpios. Te tragaste todo el veneno. No creo que puedas resistir mucho más...
ELISA: *(Entrando.)* Buen día, Nicole.
NICOLE: Bueno, bueno... Aquí la tenemos de nuevo. Felizmente repuesta. ¿Lista para trabajar?
ELISA: Sí, señora.
NICOLE: ¡Nicole!
ELISA: ¡Nicole!
NICOLE: Bueno, Elisa... Siempre sospeché que algo se traía bajo el poncho. Pero no me imaginé que fuera tan gordo.
ELISA: Yo no estaba ocultando nada...
NICOLE: ¿Ah no? Si Madame lo sabía, a mí no me avisó que usted venía con regalo... *(Pausa.)* Tengo que admitir que logró cambiarle el ánimo a Madame... Ya ni se acuerda de Medina y Olivares. Ahora sólo piensa en su guacho, querida...
ELISA: ¡Mi hijo no es ningún guacho! ¡Tiene padre y madre para que sepa!
NICOLE: ¿Ah, sí? ¿Y se puede saber, entonces, quién... la llenó?
ELISA: *(Pausa.)* ¿Qué importa quién? Lo que importa es que muchos tenían ganas... Con usted... ¿alguien tuvo ganas?
NICOLE: *(Interrumpiéndola,tira violentamente un pato sobre la mesada.)* ¡Desplúmelo! Hoy preparamos "canard à la rouennaise".

Elisa se sienta en una silla y comienza a desplumar el pato. Las plumas que vuelan la hacen estornudar.

NICOLE: ¿Le hacen mal las plumas, no?
ELISA: No, señora.
NICOLE: *(Poniéndole una hierba debajo de la nariz.)* Huela esto. Se le va a pasar. ¿Sabe qué es?
ELISA: *(Estornudando.)* Creo que es ajedrea.
NICOLE: Sí. Muy bien. ¿Y esto?

ELISA: *(Vuelve a estornudar.)* ¿Romero?

NICOLE: Ci-lan-tro. ¿Y para qué se usa el cilantro?

ELISA: Me parece que para las carnes.

NICOLE: ¿Y para qué más?

ELISA: ¿Para las sopas?

NICOLE: Y también para los embutidos y las salsas. Huela esto ahora. ¿Lo reconoce?

ELISA: Creo que es un nombre difícil.

NICOLE: Bueno, dígalo, inténtelo.

ELISA: Enebro.

NICOLE: Eneldo, Elisa, eneldo. ¡Cuántas veces le dije que para la cocina hay que tener olfato! Sin olfato, una está perdida.

Desde afuera llegan mugidos desesperados.

NICOLE: Eso es lo que se llama "instinto de madre".

ELISA: ¿De qué habla?

NICOLE: Hablo de la vaca, por supuesto. ¿Acaso no la oye?

ELISA: Hiela la sangre.

NICOLE: Sabe que van a carnearla. Los animales saben... Debe mirarlo a Funes con esa mirada de tristeza. Pero Funes tiene el corazón duro como una piedra. No se va a conmover porque la vaca esté preñada. *(Pausa.)* ¿Oye?

ELISA: No.

NICOLE: ¿No oye el silencio?¡Ya está! ¡Se terminaron los mugidos! Debe estar tendida, con los ojos abiertos por el espanto, clavados en Funes. Y él, ¡zás! *(Hace un gesto como de manejar un cuchillo.)* ya le debe haber abierto la panza de un solo tajo... *(Pausa.)* ¿Nunca comió nonato, querida? Es un manjar. Una verdadera delikatessen. Una carne blanca y tierna que se deshace en la boca.

Elisa, que tiene una náusea, corre hacia la pileta.

NICOLE: ¡No me diga que se va a descomponer otra vez! *(Pausa.)* Ah, a lo mejor creyó que usted debería cocinar el nonato y

en su estado... Vamos, no se preocupe, querida. El nonato
se hace a la parrilla. Y como usted sabe, aquí, de la parrilla
se encarga Funes. *(Pausa.)* ¿Se siente mejor? Bueno, vamos a seguir entonces con el "canard à la rouennaise".
Cuando lo abra y lo vacíe sazone el hígado con cincuenta
gramos de brioche, una pizca de flor de tomillo, ajedrea,
romero, dos cebollas finamente picadas, sal y pimienta.
¿Entendió, Elisa? Sazone el hígado con cincuenta gramos
de brioche... *(Baja la luz.)*

Escena 7

NICOLE: *(Sirviéndose una copa de sidra.)* Presiento que hoy será
un gran día, Elisa. Para celebrar con una de las varieda-
des de la sidra de Normandía. ¿Sabe cuántas clases de
sidra produce la Normandía?
ELISA: *(Su embarazo ya es evidente. Mientras pela una cebolla
que la hace llorar.)* Eso no me lo enseñó.
NICOLE: Pero sí le enseñé a mojar el cuchillo con agua fría. ¿O
a usted le gusta llorar? *(Pausa.)* Produce 20 clases de sidra, le decía. Las hay dulces, secas, amargas, muy frutadas.
Hay sidras...

*Entra la voz de Funes cantando una milonga. Elisa se pone ner-
viosa. Nicole registra la reacción y empieza a hablar cada vez
más fuerte como para tapar la voz del hombre.*

NICOLE: Hay sidras tranquilas, sidras burbujeantes y sidras
espumosas. Otras son ligeras y un poco picantes. Las hay
de color verde pálido y las que tiran al rojo. *(Casi gritando.)*
Pero la mejor sidra de todas es la sidra muerta...
ELISA: *(Muy sobresaltada, suelta lo que tiene en las manos.)*
NICOLE: Muda, quise decir, muda. Es este hombre, este hom-
bre que no sabe qué hacer para meterse en mi cocina.
ELISA: ¿Qué le hizo, Funes, Nicole?
NICOLE: ¿A mí? Nada. ¿Y a usted?

ELISA: A mí, nada. ¿Qué me iba a hacer a mí?

NICOLE: ¿Terminó con la cebolla?

ELISA: Sí.

NICOLE: Pasemos entonces a la "hure de sanglier". En criollo, cabeza de jabalí. Usted debe haber visto la que está en el salón...

ELISA: ¿Y eso se come?

NICOLE: Esa está embalsamada, Elisa. Es un trofeo.

ELISA: Los pelos son alambre.

NICOLE: Claro. Por eso, antes de cocinar la cabeza, hay que flamearla para que no quede ni uno solo. Otra cosa. Fíjese en esto ahora *(Tomando una tenaza con la que sostiene un hierro corto y fino.)* Este hierro, calentado al rojo vivo, se introduce en las orejas para limpiar las suciedades. Así... ¿entiende? *(Insinúa introducirlo en la oreja de Elisa.)* No se asuste, Elisa. *(Pausa.)* Tome, sosténgalo.

Vuelve a entrar la voz de Funes. A Elisa se le cae el hierro que sostenía la tenaza.

NICOLE: ¿Qué le pasa? ¿Lo oye y se afloja?

ELISA: Necesito ir al baño.

NICOLE: Se mea.

ELISA: La panza me aplasta y me hace venir ganas.

NICOLE: Vaya. No sea que se haga en mi cocina.

Sale Elisa. Nicole se sirve una copa de sidra. De pronto, descubre la rata muerta.

NICOLE: *(Levantándola por la cola.)* ¡Caíste preciosa! Los banquetes traen consecuencias . *(La deposita sobre la mesada.)*

Entra Elisa.

NICOLE: ¡Venga, Elisa! ¡Mire! Ya decía yo que hoy sería un gran día.

Elisa pega un grito.

NICOLE: Vamos... ¿Qué le pasa? No es más que una rata. Y está
   bien muerta. Fíjese en la panza. Mire qué hinchada está.
   ¿Será del veneno o estaría preñada?
ELISA: *(Conteniendo una náusea.)* Usted es... es...
NICOLE: ¿Qué? ¿Qué?
ELISA: ¡Una hija de puta! ¡Una grandísima hija de puta!

Sale corriendo.

NICOLE: *(Alzando su copa de sidra.)* ¡Salud!

Escena 8

*Nicole en la cocina afila cuchillas de distinto tamaño, mientras
tararea "La vie en rose".*

NICOLE: *(A Elisa que entra.)* ¡Salud, Elisa! ¿Cómo está?
ELISA: *(Seca.)* Buen día.
NICOLE: Vamos, no me diga que sigue enojada. Yo ya me olvidé
   de todo. Más con este día. El cielo tan azul. El jardín lleno
   de flores... Vamos, no tenga rencor... ¿Qué dice?
ELISA: Creí que el viento no dejaría de soplar jamás.
NICOLE: Pero ya ve... Pronto empezará a hacer calor. Un calor
   tan insoportable como el viento. Por suerte no estaré aquí.
   Pero hoy es un día espléndido. Un verdadero día de prima-
   vera.
ELISA: ¿Qué se cocina hoy?
NICOLE: Hoy, nada.
ELISA: ¿Nada?
NICOLE: No. Monsieur ha partido a la caza del jabalí. Y Madame
   se ha ido por uno o dos días a la ciudad. Creí que lo sabía.
ELISA: No lo sabía.
NICOLE: Puede tomarse el día libre. Descansar.
ELISA: Podría ir a la ciudad.
NICOLE: ¿A la ciudad? ¿Y para qué?
ELISA: Usted dice así, porque conoce...

NICOLE: ¿Yo? Yo siempre que viajé fue por mis cursos. Me la pasaba en la cocina. No tenía tiempo para perder ni quería hacerle perder plata a Madame. Siempre elegí la habitación más barata, la de los sótanos. ¿Para qué necesitaba yo aire? Aire necesitaba la vaca para darle buena leche a Madame y a Monsieur.

ELISA: Pero, Nicole...

NICOLE: ¿Qué?

ELISA: ¿Nunca quiso algo distinto?

NICOLE: ¿Distinto?

ELISA: ¿Nunca soñó con otra vida?

NICOLE: Soñar, soñar uno siempre sueña... Si alguna vez yo quise...

ELISA: ¿Qué quiso?

NICOLE: ¡Ah, déjeme Elisa! Me está haciendo pensar pavadas.

ELISA: Bueno, me voy.

NICOLE: Ya está. Ahora es cuestión de clavar la cuchilla en el lugar preciso...

ELISA: ¿Qué?

NICOLE: Afilada y lista para el regreso de Monsieur. Con ella cortaremos la cabeza del jabalí a la altura de los hombros.

ELISA: Hasta luego, Nicole.

NICOLE: Espere. Alcánceme esos cereales por favor.

ELISA: (Alcanzándoselos.) ¿Tengo libre o no tengo libre?

NICOLE: Pero antes quiero que sepa algo. Es una nueva técnica que Madame está probando.

ELISA: ¿Para qué?

NICOLE: Hasta donde yo sé se separa a los terneros de las madres, se los alimenta exclusivamente con cereales y se los vuelve anémicos con ciertas drogas. Se consigue una carne muy blanca y muy tierna, como la de un pollito.

ELISA: ¿Y?

NICOLE: Digo que si las cosas funcionan, hasta podremos blanquearlo... a su bebé...

ELISA: ¿Qué?

NICOLE: Sí, Elisa. Volverlo blanco.

ELISA: ¡¿Por qué no se deja de joder, eh?!

NICOLE: Bueno, no se lo tome así... Era una broma. Lo que
pasa es que como el padre debe ser medio negro...

ELISA: ¿Y usted qué sabe cómo es el padre? Si no lo vio nunca,
Nicolasa.

NICOLE: *(Cuando se oye llamada así, derrama los cereales que
estaba mezclando y gira violentamente.)* ¡¿Cómo dijo?!

ELISA: Nicolasa.

NICOLE: *(Sorda.)* No vuelva a llamarme así.

ELISA: ¿Y cómo quiere que la llame? Si ése es su nombre.

NICOLE: Me llamo Nicole. Nicole.

ELISA: ¡Deje de hacerse la fina conmigo, quiere! Si acá todos se
le ríen por detrás. Si hasta Monsieur y Madame se burlan
de sus aires....

NICOLE: ¡Basura! ¡Eso es basura!

ELISA: Vamos, Nicolasa. Hija de una cocinera de estancia y de
un peón golondrina que la llenó y voló. ¿O acaso me va a
decir que usted conoce a su padre?

NICOLE: ¡Cállese, vaca sucia! Está hablando la misma basura
que toda la manga de negros brutos que se mueren de
envidia porque Madame y Monsieur...

ELISA: La mandan a dormir al sótano.

NICOLE: ¡Basta! Sus mentiras huelen a bosta. La misma bosta
donde usted se revuelca con todos los que quieren sobar-
la. Y yo le voy a arrancar las negras entrañas con bastardo
y todo y se las voy a hacer comer en pedacitos. Y le voy a...
¡No se mueva de ahí! ¿Adónde cree que va?

ELISA: ¿Tengo el día libre?

NICOLE: Ya no. Monsieur estará de regreso mañana, Quiero
agasajarlo con una terrina de mirlos. ¡Elisa! ¡Elisa! ¿Me
está oyendo?

Sin hacerle caso, Elisa sale corriendo.

NICOLE: Vaca. Sucia vaca asquerosa. Yo te voy a..., te voy a....
*(Toma la cuchilla de decapitar jabalíes y la clava con furia
sobre la mesada.)*

Escena 9

Elisa en la cocina. De afuera llega el rumor de movimientos y voces. Ella está atenta a lo que pasa afuera. Entra Nicole muy agitada.

NICOLE: ¿Por qué está sin hacer nada? Acá están los mirlos trozados. ¿Ya picó el hígado, el tocino y la manteca? ¡Vamos! Tiene que hacerlo en las mismas proporciones.

ELISA: Pero... ¡no me diga que va a cocinar después de lo que pasó!

NICOLE: Vamos a cocinar. ¿O tiene alguna idea mejor?

ELISA: ¡¿Cómo puede pensar en cocinar?! ¡No puedo entender!

NICOLE: No tiene nada que entender. Tiene que apurarse. Vendrá mucha gente a dar el pésame. Habrá que atenderla, darle de comer... Madame ya habrá recibido el telegrama que le mandamos y estará aquí de un momento a otro. Yo la conozco. Exigirá que agasajemos a los que lleguen como Monsieur habría querido.

ELISA: ¡Pero cómo Madame...!

NICOLE: ¡Basta de charla! ¡No debemos perder ni un minuto más! Además de la terrina de mirlos, prepararemos manitas de cordero a la poulette. Habrá que escalfar las manitos en un blanco y eso llevará unas tres horas.

ELISA: ¿Por dónde empiezo?

NICOLE: ¡Por el picadillo! ¿No se lo dije? ¡Vamos, Elisa! ¿Qué espera? Mañana esto será un desfile continuo de gente. *(Pausa.)* Lástima que Monsieur no podrá verlo. *(Llorando.)* ¡Pobre Monsieur!

ELISA: Era un gran cazador, ¿no?

NICOLE: ¡Era un gran...! *(Se tienta y trata de controlarse.)* El que deseaba tanto cazar al alunado... ¡Pobre Monsieur! ¿Preparó el picadillo?

ELISA: No.

NICOLE: ¿Que está esperando, me quiere decir? Monsieur adoraba la terrina de mirlos.

ELISA: ¿Cómo fue, Nicole? ¿Cómo pasó?

NICOLE: Funes me lo contó todo. Con lujo de detalles. *(Pausa.)*
Cuando termine con el picadillo quiero que flambee las
manitas de cordero. *(Pausa.)* ¿De verdad quiere saber? En
su estado, francamente...
ELISA: Dígame. ¿Qué pasó?
NICOLE: Si se empeña. *(Ensartando un trozo de mirlo con la
tijera y exhibiéndolo en alto.)* ¡Lo ensartó, Elisa! ¡El alunado lo ensartó! Le hundió en los huevos sus magníficas
defensas y se lo llevó montado en una carrera desbocada.
El pobre Monsieur fue dejando en las zarzas y los espinos
girones sanguinolentos mientras la jauría corría enloque-
cida detrás del alunado *(Se tienta de risa.)* y de su
involuntario jinete. ¿Se lo imagina, Elisa? Iba montado al
revés, capado y agarrado con uñas y dientes al culo de la
bestia. Cuando el cuerpo cayó, por fin, a tierra, los perros
furiosos se lanzaron sobre él y lo destrozaron.
ELISA: ¡Es horrible, horrible!
NICOLE: *(Secándose las lágrimas.)* Bien, Elisa. Sigamos con lo
nuestro.
ELISA: ¿Lo nuestro?
NICOLE: La terrina, Elisa.
ELISA: ¡Cocinar! ¡¿Cómo puede pensar en cocinar con lo que
pasó?!
NICOLE: Cumplo con mi deber, Elisa. Y usted, debe cumplir
con el suyo. Vaya mezclando los mirlos con el picadillo.
ELISA: ¿No me dijo que flambeara las manitos? ¿Qué hago?
NICOLE: ¡Las dos cosas, Elisa!
ELISA: No puedo dejar de pensar en Madame, ¿Cómo lo tomará?
NICOLE: *(Echándose a llorar nuevamente.)* ¿Cómo lo tomará,
dice? ¡Yo sé muy bien cómo va a tomarlo! Lo primero que
hará será suspender mi viaje. ¡Maldita, maldita bestia!
ELISA: Cálmese, Nicole. Más adelante...
NICOLE: ¿Más adelante? No sabe lo que dice. Ahora Madame se
agarrará de mí como una garrapatas. *(Se echa a reír nuevamente.)* ¡Pobre Monsieur! Pensar que él quería quedarse
con las defensas del jabalí... y el jabalí, el jabalí fue el que
se quedó con sus enormes... *(La risa no la deja seguir.)*

ELISA: ¡Basta, Nicole, basta! ¡Está loca!

NICOLE: (Recomponiéndose.) Bien. Bajaré a la bodega. Es hora de ocuparse del vino. ¿Cuál es el ideal para la terrina de mirlos?

ELISA: ¡Y yo qué sé!

NICOLE: Aprenda, Elisa, aprenda. El que Monsieur habría elegido para acompañar este plato. Un tinto o un rosado de Córcega. Bajaré a buscarlo y brindaremos por Monsieur (Vuelve a reír.) y también, cómo no, por los "magníficos trofeos" con que se quedó el jabalí... (Sale ante la mirada atónita de Elisa.).

Escena 10

NICOLE: (Mientras corta los cuellos de cordero.) ¿Ve Elisa? Así se cortan los extremos. Luego se los ata con un hilo como éste. Tiene que ser de cáñamo. Se los rodea de dos lonjas de tocino y se los pone a hervir. ¿Está lista el agua?

ELISA: Está a punto de hervir. (Pausa.) Madame no se lo tomó tan mal, ¿no?

NICOLE: Mucho mejor de lo que pensé.

ELISA: Primero estuvo muy ocupada en darle de comer a la gente que desfiló... Y ahora se dedica todo el tiempo a los terneros.

NICOLE: Lo que más ilusionada la tiene es el nacimiento de su ternerito. Le ha preparado un ajuar completo. Debe pasar la noche tejiendo. (Pausa.) Fíjese si rompió el hervor.

ELISA: Sí.

NICOLE: Entonces agregue al agua cuatro cebollas, tres zanahorias, un ramito de perejil, tomillo y los menudos del cordero.

ELISA: ¿Cuánto tiempo tiene que hervir todo?

NICOLE: Unas dos horas a fuego lento.

ELISA: Así que usted y Madame viajarán.

NICOLE: Madame quiere aprender más sobre el blanqueado de terneros.

ELISA: Le dije que su viaje no se perdería.

NICOLE: No es lo mismo viajar sola que con Madame.

ELISA: Nicole... *(Pausa.)* Hay algo que quiero decirle...

NICOLE: La escucho.

ELISA: Estuve pensando que usted ya no me necesita.

NICOLE: ¿Qué quiere decir?

ELISA: Que me voy.

NICOLE: ¿Está bromeando?

ELISA: No. *(Pausa.)* Necesito irme.

NICOLE: "Necesito"... ¿Qué quiere decir "necesito"?

ELISA: Eso. Que me voy.

NICOLE: Y lo dice así, ¡tan fresca! ¿Usted cree que yo me he dedicado todos estos meses a enseñarle, paso a paso, todos los secretos de la cuisine à l'ancienne, para que ahora, así, tan alegremente, me diga que se va?

ELISA: ¿Para qué me quieren? Madame también se va.

NICOLE: ¿Y lo que le enseñé? ¿Lo que le transmití? Aquí usted se ha alimentado del espíritu de los grandes: Casimir, Prosper Montagné, el gran Curnosky, príncipe de los gastrónomos. Aquí, el poco olfato que tiene, se ha cultivado para diferenciar los aromas de las especias. Aquí se ha hecho hábil en los cortes precisos... ¡¿Y todo para qué?! ¡Para que vuelva a su pueblo, a cocinar el lechón!

ELISA: ¡No voy a cocinar nada! ¡No quiero cocinar! ¡Estoy hasta aquí de su *(Pronunciando muy mal.)* "cuisine a l' ancienne"...!

NICOLE: *(Imitando el tono de Elisa y ridiculizándolo.)* "Quiero aprender, Nicole, quiero aprender. Ser una gran cocinera como usted...". ¡Joder, quería! ¡Eso quería!

ELISA: Quería encontrar al padre de mi hijo.

NICOLE: ¿Al padre de su hijo?

ELISA: El se vino para acá sin saber que yo estaba embarazada. Llegué buscándolo porque tenía noticias de que trabajaba en un campo cercano. *(Pausa.)* Funes me ayudó... Pero antes de poder verlo, mi novio se fue más al sur...

NICOLE: ¿Y qué va a hacer? ¿Correr detrás de él con esa panza?

ELISA: Es el padre de mi hijo.

NICOLE: Ni siquiera sabe que está embarazada.
ELISA: Es el padre.
NICOLE: ¿Y si no lo encuentra? ¿Qué va a hacer, eh?
ELISA: Tengo que encontrarlo.
NICOLE: ¿Por qué? Si no lo encontró hasta ahora... ¿Y si él no
quiere al chico? ¿Pensó en eso? ¿Qué va a hacer sola en
medio del campo? ¿Parir como una vaca?
ELISA: Lo voy a encontrar.
NICOLE: Escúcheme. ¿Por qué no se queda acá hasta que el
bebé nazca? Es lo mejor. Después ya tendrá tiempo de co-
rrer detrás del otro. Usted sabe que Madame la va a cuidar
como a una hija...
ELISA: No.
NICOLE: ¿No? ¿Dice que no? ¡Desagradecida! ¡Con todo lo que
Madame hizo por usted! ¡Con todo lo que le dio!
ELISA: Voy a hablar con Madame. Ella me va a entender. Siem-
pre fue muy buena conmigo.
NICOLE: ¡Y por eso usted le paga así!
ELISA: Necesito irme.
NICOLE: "Necesito irme, necesito irme". ¿No sabe decir otra cosa?
¡Desagradecida y egoísta! Sólo piensa en usted. ¡Pobre
Madame! ¡Hacerla sufrir como una perra sólo porque a
usted se le ocurre arrancarle esa criatura!
ELISA: Usted no entiende, no entiende... Yo, yo... necesito irme....
(Sale intempestivamente.)

Escena 11

*Nicole afila la cuchilla de decapitar jabalíes . Entra Elisa vestida
como para viajar.*

ELISA: Bueno... Vengo a despedirme.
NICOLE: *(Siempre afilando la cuchilla.)* Usted siempre se sale
con la suya...
ELISA: No, no siempre. *(Pausa.)* ¿Van a salir a buscar al jabalí?
NICOLE: Al alunado. *(Pausa.)* ¿Quién la lleva?

ELISA: Funes. Madame se lo pidió.
NICOLE: Hizo bien. ¿Madame le regaló el ajuar?
ELISA: Sí, es precioso. Todas las batitas bordadas a mano...
    Madame es tan buena...
NICOLE: Tome, le preparé esto: es un postre típicamente
    parisino. "Puentes de amor", se llama. Es una pasta
    hojaldrada y crocante, con confitura de frambuesa casera,
    bien roja y espesa.
ELISA: Gracias.
NICOLE: Llévela con cuidado, es frágil. *(Pausa.)* ¿Cómo sabre-
    mos si fue nena o varón? ·
ELISA: Le mandaré a avisar a Madame. *(Pausa.)* Bueno, adiós.
NICOLE: Adiós. *(A Elisa que ya está saliendo.)* ¡ Elisa!
ELISA: ¿Sí?
NICOLE: Fíjese que Funes no se desvíe del camino.
ELISA: No se preocupe. Adiós.
NICOLE: Adiós.

Escena 12

*Nicole ensangrentada, ha terminado de decapitar el jabalí alu-
nado. Con el hierro al rojo vivo limpia las suciedades de nariz y
orejas mientras tararea "La vie en rose". De afuera llega el llanto
de un bebé. Nicole se limpia las manos con un trapo y sale. Vuelve a entrar con un cochecito.*

NICOLE: Bueno, bueno... ¡Qué escándalo! Me parece que tene-
    mos hambre. Ya está lista tu comidita. *(Toma de una olla
    una mamadera y prueba la temperatura en su mano.)* Va-
    mos a ver... *(Toma al bebé en sus brazos y empieza a darle.)*
    MMM ¡qué hambre! ¡Con qué ganas comemos! Así me gus-
    ta, así me gusta. Desde que naciste, supe que tendrías
    buen apetito. Apenas te vi, allí, en medio del camino donde
    el hojaldre crocante, deshecho de "los puentes de amor" se
    mezclaba con la tierra, se pegoteaba a tu pelito mojado. Le
    había dicho a ella que tuviera cuidado. Le había dicho: "los

puentes de amor" son frágiles. Pero no quiso oírme. "Fíjese que Funes no se desvíe del camino", le había dicho... Funes tiene el corazón duro como una piedra. No se iba a conmover porque ella estuviera... Madame se lo pidió. Madame le pidió a Funes que la... llevara. Cuando te vi, ella ya había dejado de gritar y tenía la mirada clavada en Funes. La misma mirada de la vaca... Llorabas. Te levanté en mis brazos. Te limpié con la batita blanca -la batita que Madame había bordado con tanto amor- te limpié las manchas rojas, viscosas como mermelada de frambuesa. En fin... No importa... No importa que ella se haya ido. Madame y yo te vamos a cuidar mucho. Para que crezcas sano y fuerte. ¡Mm, qué bien, pero qué bien! ¡Te la tomaste toda! Así me gusta. Y ahora te vas a dormir como un nene bueno. Porque tengo mucho que hacer, mucho que cocinar. *(Lo acuesta en el cochecito.)* ¿Sabés? Es mejor que tu mamá se haya ido... Nunca hubiera sido una buena cocinera... Le faltaba olfato.

Entra la voz de Funes cantando una milonga. Nicole empuja el cochecito hasta colocarlo debajo de una liebre que cuelga, desangrándose. Apagón.

Fin

LA FOGARATA

LA FOGARATA

29 de junio de 1952. Noche de San Pedro y San Pablo. Un grupo de muchachos y chicas alimentan la fogarata con madera de cajones y ramas.

INÉS: Está ardiendo
en la hoguera.
El fuego la remonta
Y la cabeza
es volcán y lava.
Apenas roza a los que miran
la lengua reluciente
de las llamas.
Es preciso que arda:
sólo el fuego
la salva de otros fuegos.

DELIA: *(Reza las palabras de Evita.)*
"Yo no renuncio a mi puesto de lucha,
renuncio a los honores...
Que de mí se diga:
una mujer que se dedicó
a llevar al presidente
las palabras del pueblo...
Y a esta mujer,

el pueblo la llamaba cariñosamente
Evita... Evita.
Y es todo lo que quiero ser...".

DELIA: ¿Cuánto falta?

MARÍA: ¡Recién me preguntaste! Quince minutos, te dije.

DELIA: ¡Se va a salvar! ¡Si paso sin quemarme, ella se salva!

MARÍA: Ayer la iglesia estaba llena. La gente rezaba en la calle.

DELIA: Yo rezo todos los días. ¡Se tiene que salvar! ¡Vas a ver...
voy a pasar sin quemarme y ella se va a salvar!

TITI: ¡No jodás! ¡Fue un golpe de suerte!

CACHO: ¡Ma qué golpe de suerte! ¡Fue un golazo, pibe, un golazo!

TITI: ¡Andá, qué querés con Deportivo Cereijo! ¡Si ustedes tienen todos los partidos comprados gracias al ministro!

CACHO: *(Provocativo, cantando.)*
¡Y vea vea vea
a Racing no lo para
ni los tanques de Corea
Y vea vea vea!

JUAN: ¡Dale, che, paren y ocúpense del fuego! Hay que ir pre-
parando las brasas.

CACHO: Falta poco para la medianoche.

TITI: ¡Vamos entonces! ¿Qué esperan?

JUAN: ¡Vamos!

Pablo se acerca al grupo.

MARÍA: *(A Delia.)* Mirá quién está ahí. Seguro que viene a bus-
carte...

DELIA: ¡Tapame, tapame! No quiero que me vea.

INÉS: ¿Qué pasa?

MARÍA: No quiere que Pablo la vea.

INÉS: ¿Por...?

MARÍA: ¿No sabés lo que pasó?

ANDRÉS: *(Por Pablo.)* Llegó el contra...

TITI: ¿Qué quiere ése aquí?

ANDRÉS: ¿Qué va a querer? Anda detrás de la Delia.

JUAN: *(A Pablo.)* Es mejor que te vayas.

PABLO: ¿Por qué? ¿Yo qué hice?

JUAN: Vos nada, pero tu viejo...

PABLO: ¿Y por eso me rajan a mí? ¿Qué culpa tengo yo de lo
que mi viejo hace o dice?

JUAN: La Delia no quiere ni verte.

PABLO: Que me lo diga ella.

ANDRÉS: ¿No ves que te lo está diciendo?

PABLO: *(Gritando.)* ¡Delia, Delia!

ANDRÉS: *(Empujándolo.)* ¡Tomátelas de aquí!

PABLO: No. No me las tomo. ¿Qué querés? ¿Aprovecharte? Porque a vos siempre te gustó la Delia ¿no?

ANDRÉS: ¡Que te las tomes, dije!

Se toman a golpes. Titi y Juan intervienen para separarlos.

DELIA: ¡Paren, paren! ¡No se golpeen! Vos querías verme, Pablo.
Aquí estoy.

Los demás se apartan.

PABLO: *(Intenta abrazarla.)* ¡Delia!

DELIA: Dejame Pablo.

PABLO: ¿Por qué? ¿Qué te hice yo?

DELIA: No quiero verte más. Nosotros no...

PABLO: Es por mi viejo...

DELIA: *(En un estallido.)* ¡La humilló! ¡Le tiró los cuellos de las
camisas por el piso, le gritó!

Silencio.

PABLO: Lo siento mucho. Siento vergüenza...

DELIA: El se cree que porque tiene plata puede hacer lo que
quiere. Mi mamá le reclamaba lo que era suyo, lo que se
había ganado con su trabajo...

PABLO: Ya lo sé.

DELIA: Toda la noche había cosido para terminar y él no quiso pagarle. ¡Manga de negros, le gritaba, ya va a caer y ustedes van a saber lo que es bueno!

PABLO: Es un hijo de puta.

DELIA: ¡Ya va a reventar la yegua, le gritaba! ¡Por Evita, por ella lo decía!

PABLO: ¡No sabés cuánto lo siento!

DELIA: No quiero verte más, Pablo. Nunca más.

PABLO: No hagas eso, Delia. No le demos el gusto a ese hijo de puta. Yo te quiero, nena. Y vos también me querés.

DELIA: No, Pablo. Ya no te quiero.

Se aleja.

PABLO: ¡Delia, no hagas esto!

Delia se suma al grupo alrededor de la fogarata. Las amigas la abrazan.

MARÍA: ¿Qué pasó?

DELIA: Nada.

INÉS: Dejala tranquila. No le preguntes.

BEATRIZ: ¿Vieron la última *Para Ti?*

NORMA: No ¿qué traía?

BEATRIZ: Una foto de María Félix ¡desnuda!

NORMA: Estás macaneando.

BEATRIZ: ¡Te lo juro por ésta!

NORMA: Andá.

INÉS: Yo escuché por la radio que vino a filmar una película.

MARÍA: Sí, con Carlos Thompson.

NORMA: ¡Qué churro!

MARÍA: A mí el que me gusta es Fernando Lamas.

BEATRIZ: ¡*La pasión desnuda!*

MARÍA: ¿Qué?

BEATRIZ: Así se llama la película que vino a filmar. ¿Ves que tengo razón?

NORMA: ¡Qué boba!

CACHO: Chicas, chicas, vengan que ya es medianoche y vamos

a pasar las brasas.
TITI: ¿Quién quiere pasar primero?
JUAN: ¡Yo paso!
CACHO: Bueno, dale. ¿Qué esperás?

Juan amaga y amaga pero no se decide. Delia, reconcentrada en sí misma, reza.

ANDRÉS: Bueno, vamos, ¿quién pasa entonces?
CACHO: ¡Yo... no!
TITI: ¡Ay, qué gracioso! ¡Haceme cosquillas que me río!
DELIA: ¡Yo paso! ¡Voy a pasar para que Evita se salve!

Se saca los zapatos y luego de persignarse intenta pasar pero se quema.

DELIA: ¡Me quemé! ¡Me quemé y ella se va a morir! ¡Por mi culpa se va a morir!
MARÍA: ¡No digas eso, no es cierto!
DELIA: Déjenme, déjenme. Voy a pasar de nuevo.
INÉS: ¡No! ¡Pasar dos veces es mala suerte, trae desgracia!
DELIA: ¡Déjenme les digo!
PABLO: *(Mientras se descalza.)* Dejame a mí, Delia. *(Corre hacia las brasas.)* ¡Para que Evita se salve! ¡Para que me quieras!

Atraviesa las brasas quemándose, cae al suelo.

PABLO: Por vos, Delia. Porque te quiero.
DELIA: *(Abrazándolo.)* ¡Pablo!
PABLO: Te quiero.
DELIA: ¡Hay que llevarlo al hospital!
CACHO: ¡Vamos!
PABLO: Te quiero, Delia.

Lo levantan entre todos y lo llevan.

DELIA: Yo también, Pablo, yo también.

INÉS: (Mientras los demás van saliendo con Pablo.)
Ardidas las cenizas
sólo restan
la voz tendida
y las espadas que relumbran.
El loco corazón
se le ha perdido.
¿Quién
en el silencio
canta?

Apagón.

EL SILENCIO DE LAS TORTUGAS

EL SILENCIO DE LAS TORTUGAS

Un cementerio. Alrededor del mediodía de un día nublado. Una mujer de unos 50 años largos, menuda y nerviosa, quita las flores marchitas de un jarrón y pone en su lugar flores artificiales.

CELINA: ¿Son lindas, no? Lo más parecidas que encontré a las naturales. *(Pausa.)* Sí, ya sé, ya sé. Me imagino lo que estás pensando. ¿Cómo yo que siempre odié las flores artificiales...? ¿Cómo es que ahora...? *(Pausa.)* ¡Tantas cosas son distintas ahora! Yo misma estoy sorprendida. No me reconozco. Claro, vos tampoco me reconocerías, Roberto. *(Pausa.)* Estas nomeolvides no se marchitan, no necesitan agua ni hay que cambiarlas cada semana. *(Pausa.)* Yo, la semana que viene no voy a venir. Ni la otra, ni la otra. *(Pausa.)* Me voy de viaje, Roberto. Sí, ya sé, ya sé. Me imagino lo que estás pensando. ¿Cómo yo que odiaba moverme de casa, que no quería ni acompañarte al *country* los fines de semana...? Es cierto que no me gustaba salir. *(Pausa.)* Me quedaba cuidando mis plantas, cambiándoles la tierra, limpiándolas hoja por hoja y, sobre todo, hablándoles. Les hablaba mucho. *(Pausa.)* Bueno, en realidad, sólo hablaba con ellas. Quiero decir, de mis cosas. *(Pausa.)* ¡Vos siempre estabas tan ocupado, tenías tan poco tiempo...! *(Pausa.)* Ahora sí tenés mucho tiempo, Roberto. Pero no te preocupes, no por eso me voy a abusar... Sabés que siempre fui muy discreta. *(Pausa.)* Volviendo al tema de que no me gustaba salir... Se me ocurre que tal vez tenía miedo... *(Pausa.)* Sí, ya sé, ya sé. Me imagino que estás pensando que soy una idiota. Pero tenía miedo, sí. Miedo de los otros. De parecerles tonta, de que no me aceptaran... No sé, miedo. *(Pausa.)* Y además me agarraban esas terribles jaquecas... ¿Te acordás Roberto? Acostada en la oscuridad, con las compresas frías sobre la frente. Horas muertas así, hasta que el dolor desaparecía. *(Pausa.)* Ahora ya no me duele la cabeza. Nada. Ni una puntadita. *(Pausa.)* Y ya tampoco tomo más. *(Pausa.)* ¿Vos sabías que yo tomaba, no es cierto? En el placard, entre la ropa muy bien doblada y guardada, con aroma a lavanda, escondía la petaca de vodka. Era más difícil esconder el aliento... *(Pausa.)* Vos sabías, Roberto, pero no te importaba. Empecé al perder el segundo embarazo. Cuando estabas por llegar, como sabía que no soportabas verme llorar, me tomaba unos tragos. Así era más fácil para los dos. *(Pausa.)* ¡Ojalá hubiéramos adoptado un bebé! Cuando te hablé de eso, me trajiste a Caty. *(Imitando la voz y el tono amable de Roberto.)* "Es una compañía y no te va a dar ningún trabajo. Sólo tenés que darle lechuga y agua en verano porque en invierno duerme". *(Pausa.)* ¡Qué silenciosas son las tortugas, Dios mío! Me pasaba horas con la oreja pegada al caparazón tratando de escuchar si emitía algún sonido. Nada. Nada de nada. Yo que tanto había soñado con el bochinche de los hijos... *(Pausa.)* Una vez leí en una revista que las tortugas chillan sólo cuando sienten un dolor intenso, un sufrimiento insoportable. *(Pausa.)* Hasta que empezó a obsesionarme la idea, no sabía lo cruel que yo podía ser. *(Pausa.)* Lo necesitaba. Necesitaba oírla chillar. *(Pausa.)* ¿Te acordás, no es cierto? El doctor Terra no podía entender cómo el pobre animal se había clavado la aguja. *(Pausa.)* Todavía en sueños me persigue ese chillido. Espero que la pobre Caty me haya perdonado. En fin... Ahora todo es distinto. Vos tenés el silencio que querías y yo, me voy de viaje. Será un largo viaje. Durará lo que dure el dinero. *(Pausa.)* Vendí la casa del *country*, Roberto. *(Pausa.)* Y también el departamento. Sí, ya sé, ya sé. Seguro que te estás acordando de aquella oferta tan buena que nos hicieron, cuando vos querías venderlo a toda cosa y yo no quise. Me angustiaba tanto tener que irme de mi casa que me puse firme. Y nos quedamos. *(Pausa.)* Podés estar tranquilo, Roberto. Me pagaron un buen precio. No tanto como el que nos habían ofrecido aquella vez pero está bien, muy bien. Alcanza para unos cuantos meses en Grecia recorriendo sus islas, hundiendo los pies en las arenas blancas, bañándome desnuda en el mar... *(Imitando la voz y el tono de Roberto.)* "¿Desnuda? ¿Te volviste loca, Celina?" Bañándonos, mejor dicho. *(Pausa.)* Puedo oírte, Roberto. Puedo oír perfectamente lo que estás pensando. Creés que soy una completa idiota. Que alguien se está aprovechando de mí. Que me va a dejar sin un peso tirada en las ruinas. *(Pausa.)* ¡La vida da unas vueltas tan inesperadas...! *(Pausa.)* ¡Yo jamás, jamás me habría imaginado que a vos ¡a vos! iba a deberte mi felicidad de hoy! Me imagino lo que está pasando ahora por tu cabeza: la lista completa de amigos y conocidos. Y hasta adivino en quién estás pensando. *(Imitando la voz y el tono de Roberto.)* "Este tipo -te lo digo yo- está mucho más interesado en revisarte a vos que a la tortuga". El bueno del doctor Terra que operó a Caty... *(Pausa.)* No me hacías un gran favor diciéndome eso, Roberto. Pero ahora ya no importa. Porque soy feliz. Y vos tenés que ver con esta felicidad. *(Pausa.)* Al principio no fue así ¿sabés?. Al principio me dolió. No porque yo no me lo imaginara, no soy tan tonta. Pero es distinto imaginarse algo a verlo. Es muy distinto. Y fue en el velorio donde... Porque se apareció en el velorio. Nadie lo podía creer porque todos, Roberto, todos sabían. Y cuando entró, miraron para otro lado, se hicieron los burros. Nadie quería darse por enterado. Pero entonces vino derecho a mí. "Vos sos la mujer de Roberto, ¿no?" preguntó. Dije que sí con la cabeza. Me estrechó en un abrazo muy fuerte. Yo no pude reaccionar. No sentía nada. Era como si el cuerpo se me hubiera vuelto de arena. La gente nos miraba con los ojos abiertos como huevos. Quizás fue por eso que, ahí, en mitad del velorio, me asaltó un deseo incontrolable de comer huevos fritos con papas. Como cuando te esperaba hasta muy tarde y vos no llegabas y entonces iba a la cocina y pelaba y freía cinco papas grandes, devoraba una fuente entera a triple caballo. *(Pausa.)* Fue como si adivinara mi deseo porque me dijo: -¡Vamos! Y me llevó del brazo al bar de la esquina. Me comí dos platos, uno detrás de otro. Me miraba en silencio. Esperó a que terminara para preguntarme: -¿Sabés quién soy yo? Recién entonces la miré de arriba a abajo. Me dolió, Roberto. Me dolió verla tan linda. ¡Pero qué caradura! decían todos. ¡Echala! ¿Por qué no la echás?, azuzaban los parientes. Yo no quería que se fuera. Me dolía verla linda, más joven que yo y saber... Pero -la vida es tan rara, Roberto- de alguna manera me consolaba su presencia. En el entierro lloramos juntas, abrazadas. *(Pausa.)* Lo más extraño sucedió después. Volvimos en el mismo auto y ella se bajó en casa. Fui al cuarto, ella me seguía. Entré al *vestier* donde tu ropa estaba prolijamente doblada y guardad y empecé a tirar todo al piso. Ella me ayudaba. En silencio, sin decir ni una palabra. Después fui a buscar las tijeras y corté todo por la mitad: las camisas con monogramas, las corbatas de seda, los trajes, las medias, los calzoncillos, los pijamas. Mitad para ella, mitad para mí. Mitad para ella, mitad para mí. Parecía que nos repartíamos tus restos, Roberto. Agotadas, nos quedamos dormidas. En la misma cama donde tantos años vos y yo dormimos juntos y tan lejos el uno del otro. ¡Sí, ya sé, ya sé! Me imagino lo que estás pensando. Pero no, Roberto, no. Ese día no pasó nada. Fue poco a poco que nos dimos cuenta de que nos gustaba estar juntas. Que nos reíamos de las mismas cosas. Que no necesitábamos hablar para entendernos. Que nos extrañábamos. A mí me llevó más tiempo admitir que mi cuerpo se ponía locamente despierto en su presencia. *(Pausa.)* Luché contra eso que sentía.

Me asustaba terriblemente. Nunca nadie me había hecho sentir así. La intensidad dolía. Y finalmente las ganas pudieron más que el miedo y que el prejuicio. *(Pausa.)* ¿Vieja loca? ¿Es eso lo que estás pensando? No me importa. Muchos lo pensaron y hasta lo dijeron. Pero a mí no me importa. *(Pausa.)* Por primera vez en mi vida soy verdaderamente feliz. ¿Y sabés? Fue muy raro darme cuenta de que antes de conocerla, yo conocía su olor. ¡Lo olí tantas veces en tu ropa, en tu cuerpo, que ese olor de ella me era familiar mucho antes de hundir mi nariz en la piel blanca y suave! *(Pausa.)* No te inquietes. No voy a contarte detalles. Sabés que siempre fui pudorosa y en eso no cambié. *(Pausa.)* Está empezando a llover, Roberto. Caen unas gotas gordas y pesadas que mojan mi cuerpo y tu lápida y los árboles y las nomeolvides... *(Pausa.)* A Caty la dejé en el Zoológico. Apenas la pusieron con las otras tortugas, una se le acercó y la montó. *(Pausa.)* Las tortugas no chillan sólo cuando sufren, también lo hacen cuando sienten placer. *(Pausa.)* Estoy segura, segura de que Caty me perdonó. *(Reacomoda las flores artificiales.)* Adiós Roberto. *(Pausa.)* Y gracias.

Sale. Apagón.

CRIATURAS DE AIRE

CRIATURAS DE AIRE

Personajes:
Osorio, 60 años.
Rüdin, 50 años.
Gregorio, 30 años.
Delia, 15 años.

1ra PARTE

Una finca cercana al monte.

El espacio está dividido en dos zonas: una, interna, es el escritorio donde Rüdin va a desarrollar parte de su tarea. La otra, externa, es un galpón donde hay un silo para el forraje, un box destinado al padrillo y una pileta para preparar la ración.

Escena 1

OSORIO: Una estirpe, un linaje, una raza superior... ¿Me comprende?

RÜDIN: Oh sí, claro.

OSORIO: Quiero que *usté* dictamine sobre las cruzas necesarias para conseguir un porte y un carácter.

RÜDIN: Es posible crear esa raza que busca.

OSORIO: Me hablaron muy bien de *usté*, doctor... *(Pausa.)* ¿Cómo era que se decía su apellido?

RÜDIN: Rüdin.

OSORIO: *(Lo pronuncia mal.)* Rüdin.

RÜDIN: *(Corrigiéndolo.)* Fíjese: tiene que poner la boca así...

OSORIO: Olvídese. Lo voy a llamar doctor a secas. *(Pausa.)* ¿En qué estábamos? ¡Ah sí! Le decía que me hablaron muy bien de *usté*. Sé que por su posición tuvo amplias posibilidades de investigar sobre la herencia...

RÜDIN: En la sangre y en los genes está todo: lo mejor y lo peor...

OSORIO: Esa carrera es la más dura del mundo. Los caballos tienen que saltar treinta obstáculos y, el mayor, mide casi dos metros... Como comprenderá es fácil que se rompan el cuello o se quiebren el espinazo... *(Pausa.)* Si lográramos esa raza ganadora, me llenaría de gloria y, por supuesto, de plata... Las apuestas son fuertísimas. *(Pausa.)* Bueno, éste será su lugar de trabajo. Aquí estará tranquilo... Y seguro.

RÜDIN: Me gusta. Tiene buena vista, luz natural... Es confortable.

OSORIO: Lo mejor que se puede tener aquí en medio del monte... *(Pausa.)* Espero que no lo embromen demasiado los bichos...

RÜDIN: *(Repite sin comprender.)* ¿Bichos?

OSORIO: No importa. Ya se va a enterar... *(Pausa.)* Me complace que se sienta cómodo en mi patria.

RÜDIN: Me gusta mucho acá. Me gusta el campo.

OSORIO: Esto no es el campo, doctor. Un poco más allí empieza el monte, las alimañas, la *brutalidá* de esta tierra... Se habrá dado cuenta durante el viaje... *(Pausa. Luego, señalando una vitrola.)* Ahí tiene lo que pidió. La música hubo que traerla de la Capital. Acá nos gusta el chamamé, la bailanta y el mate... ¿Usted toma mate, doctor? ¿O todavía no se prendió?

RÜDIN: *(Repite sin entender.)* ¿Se prendió?

OSORIO: Como el ternero a la teta.

Rüdin lo mira aun más desconcertado.

OSORIO: En el mate, uno se prende a la bombilla como el ternero a la teta. Y ésa es una costumbre bien nuestra, de esta tierra, auténtica. *(Pausa.)* Si le parece, mientras trabaja, le voy a hacer cebar unos mates.

RÜDIN: *(Mirando por la ventana.)* No para de llover.

OSORIO: Acá, octubre es así: llueve todo el tiempo. Por suerte, el agua hace fértil la tierra de pastoreo. *(Pausa. Luego, señalándole unos ficheros.)* La información que necesita sobre nuestros animales está allí. *(Pausa.)* Bueno, che. Mejor lo dejo trabajar. *(Saliendo.)* Ahora nomás le mando a Gregorio para que le cebe unos amargos.

Sale Osorio. Rüdin se dirige inmediatamente al rincón donde están la vitrola y los discos. Elige uno: es una versión de "Las seis sonatas y partitas para violín solo" de Bach. Lo pone y durante algunos segundos se queda inmóvil escuchando. Luego, vuelve a consultar los ficheros. Ensimismado, no advierte la presencia de Delia que, atraída por la música, se acerca a la ventana. Llega Gregorio con el mate.

GREGORIO: Permiso, don...

RÜDIN: ¿Qué? ¡Ah, sí, sí! ¡Adelante!

GREGORIO: Me manda el patrón ... ¿Ya probó esto alguna vez?

RÜDIN: No, no. *(Ahora advierte la presencia de Delia en la ventana.)*

GREGORIO: *(Siguiendo la mirada de Rüdin y mientras le ceba el mate.)* A la Delia seguro que la trajo la música. *(Le extiende el mate y, en el mismo momento en que el otro da la primera chupada, le advierte.)* ¡Chupe despacio que está que pela!

Rüdin suelta el mate que va a parar al suelo a la par que maldice. La situación interrumpe el estado de fascinación de Delia con la música. Asustada, escapa.

GREGORIO: *(Mientras recoge los implementos.)* ¡Chá, digo! ¡Mire que le avisé! *(Pausa.)* ¿Se anima a probar con otro?

RÜDIN: *(Con la boca ardida.)* No, gracias. Esto no es para mí.

GREGORIO: *Tá* bien, don. Como *usté* diga.

Al salir, Gregorio se cruza con Osorio.

OSORIO: ¿Qué le pareció el mate al gringo?

GREGORIO: Caliente, patrón. Caliente como entrepierna e' viuda.

Meneando la cabeza, Osorio lo mira y, luego, los dos juntos, se echan a reír.

Escena 2

En el galpón, en un precario violín de lata, prácticamente un juguete, Delia intenta tocar la melodía que escuchó en el escritorio de Rüdin.

Escena 3

Luz de atardecer en el escritorio donde Rüdin trabaja. Como fondo, una de las sonatas de Bach.

RÜDIN: Cuando era niño, una vez al año, mi padre me llevaba a ver la Spanish Riding School. Todavía suena en mis oídos la música de los cascos golpeando en el piso de la magnífica Sala de Equitación del palacio imperial...¡Y esos caballos blancos danzando bajo las luces y dando unos saltos asombrosos!

OSORIO: Un espectáculo bien diferente del que le hice presenciar el otro día. *(Pausa.)* No pensé que fuera tan sensible, doctor. ¡Mire que se descompuso feo, eh!

RÜDIN: *(Recordando con evidente disgusto.)* La sangre de uno de esos animales me salpicó la cara.

OSORIO: Eran bravos los dos. Volaban las plumas y la carne.

RÜDIN: Repugnante.

OSORIO: Y sin embargo, es una de las diversiones favoritas de la gente de esta tierra. Una salvajada... auténtica. *(Pausa.)* Volviendo a esos caballos de los que me hablaba...

RÜDIN: ¿Los lipizanos?

OSORIO: Sí. ¿Cuál es el origen de la raza? Seguro que tiene que ver con la árabe, ¿no?

RÜDIN: En el origen, hay un cruce entre árabe, español y bereber.

OSORIO: Lo imaginé. La sangre árabe fue desde siempre la más apta para mejorar y vigorizar otras razas. Los pura sangres ingleses vienen de allí. Entonces le pregunto por qué no traemos un buen semental árabe...

RÜDIN: No es adecuado para lo que buscamos.

OSORIO: *Tá.* El experto es *usté. (Pausa.)* A mí me toca juzgar por los resultados. *(Pausa.)* Si me acompaña un momento, quiero mostrarle el lugar destinado al padrillo...

Se dirigen al galpón donde Delia, con su violín de lata, ha logrado reproducir algo de la sonata de Bach.

OSORIO: Este es el box. Y aquí montaríamos el laboratorio... ¿Y? ¿Qué le parece?

RÜDIN: *(Visiblemente irritado por el hecho de que Delia intente tocar a Bach.)* Está muy bien.

OSORIO: ¿Le pasa algo? Lo noto molesto.

RÜDIN: No.

OSORIO: Entonces, ¿todo está bien?

RÜDIN: Sí, sí.

Se están yendo cuando Osorio se da cuenta de lo que Delia intenta tocar.

OSORIO: ¿Oye? ¡Suena como eso que *usté* escucha! Se ve que a la Delia le gustó porque hacía mucho tiempo que no tocaba en su violincito... ¡Escuche, escuche! ¡Es su música! *(Pausa.)* Música de hembras...

RÜDIN: Esa música es la expresión esencial del carácter de mi pueblo...

OSORIO: Si *usté* lo dice...

Al salir, Rüdin queda, por un momento enfrentado a la gitana. Al mirarla, cara a cara, se sobresalta.

OSORIO: ¿Qué pasa? ¿No le gusta la Delia?

RÜDIN: Ella tiene en los ojos ...

OSORIO: *(Intencionado.)* Aquí nadie le mira los ojos...

RÜDIN: Se da en algunas estirpes gitanas...

OSORIO: La Delia es gitana.

RÜDIN: Investigué a una familia entera: abuelos, padres, hijos con un ojo azul y otro marrón... Ocho miembros con ese defecto.

OSORIO: ¿Era eso lo que *usté* estudiaba en el...? ¿Cómo diablos se llamaba ese lugar?

RÜDIN: ¿Qué?

OSORIO: ¿Cuál era el nombre del lugar donde trabajaba...?

RÜDIN: Instituto Kaiser Wilhelm de Antropología.

OSORIO: ¿Y ahí estudiaba eso de los ojos?

RÜDIN: Era parte de una investigación sobre la herencia. Habíamos logrado reunir un material precioso. *(Pausa.)* Todo, todo perdido. *(Pausa.)* Años de investigación... Decenas y decenas de pares de ojos marrones y azules... Se perdieron junto con la guerra...

OSORIO: *(Pausa.)* La madre también los tenía así.

RÜDIN: ¿La madre?

OSORIO: A la Delia la compré cuando era una criatura. Hace años atrás unos gitanos acamparon cerca de aquí. Yo estaba atento para que no me robaran. Y me llamó la atención la chica. Siempre andaba con su violincito detrás de los caballos. Una vez, la encontré chupando la leche de una yegua que acababa de parir. *(Pausa.)* Y ahora, aquel animalito se volvió una hembra apetitosa. Yo la esperé

pacientemente. La esperé viendo cómo las tetas empeza-
ban a empujar la tela de la blusa y cómo el culo asomaba,
rotundo. *(Pausa.)* ¿Y usted, doctor? ¿Le miró las ancas?
¿O sólo los ojos? *(Silencio.)* La pagué en oro. Di por ella
unos brazaletes compactos y pesados que eran de mi madre. La pobre se habrá revuelto en la tumba. La pagué en
oro y es la mejor de mis yeguas. Montado en ella, me pier-
do. *(Pausa.)* ¿Y sabe? Pagaría lo que fuera por oírla gemir...
Pero la Delia es muda.

RÜDIN: ¿Nunca habló?

OSORIO: Nunca.

RÜDIN: Raro. Porque escucha bien.

OSORIO: ¿*Usté* podría hacer algo?

RÜDIN: No, no. Yo de eso no sé nada.

OSORIO: Sólo pensar en oírla, me pone al palo. *(Pausa.)* ¿No
entiende lo que digo, no?

RÜDIN: Criaturas de aire.

OSORIO: ¿Qué?

RÜDIN: Así llamamos a los gitanos.

OSORIO: ¿Por?

RÜDIN: Son errantes. Van de aquí para allí. No tienen raíces ni
patria.

OSORIO: Lo único que les importa es la sangre y el oro. *(Pausa.)*
Eso me dijo la madre cuando me la vendió. La sangre de la
familia. En su busca, la Delia se marchará alguna vez. *(Pausa.)* "Que encuentres a Dios en el camino y que robes mucho
oro", le deseó la vieja, al despedirse.

RÜDIN: Sangre de ladrones...

OSORIO: En toda mi vida, no conocí otra hembra como ella.
(Pausa.) No habla, se entiende mejor con los caballos que
con la gente... Pero a mí lo único que me importa es galo-
par en ella.

Escena 4

De mañana, en el escritorio donde Rüdin trabaja.

RÜDIN: *(Mientras lucha con los insectos que lo acosan, situación que va a mantenerse durante toda la escena.)* Velocidad.

OSORIO: Estos animales deben tener una fuerza impresionante en la aceleración.

RÜDIN: Y agilidad.

OSORIO: Física y mental. Para poder saltar esa cantidad de obstáculos. *(Pausa.)* Todas cualidades de la sangre árabe. *(Pausa.)* ¿Qué le pasa, doctor, no se puso repelente?

RÜDIN: Sí, pero no me hace nada.

OSORIO: La sangre, doctor. Debe de ser muy dulce. *(Pausa.)* Le voy a conseguir un ungüento especial que prepara la bruja del pueblo. ¡Vamos, hombre! ¿Qué le pasa? ¡No ponga esa cara! La curandera es casi una colega...

RÜDIN: Pensaba en otra cosa.

OSORIO: Diga.

RÜDIN: Tenemos que lograr animales guerreros.

OSORIO: Capaces de resistir la agresividad de la galopada.

RÜDIN: De un temperamento dominante.

OSORIO: Por supuesto.

RÜDIN: Lo que voy a decirle tal vez lo sorprenda.

OSORIO: Bueno, doctor. Déjese de tantas vueltas. Lo escucho.

RÜDIN: *(De un tirón.)* Pensé en un caballo australiano. Pensé en el Brumby.

Silencio.

OSORIO: ¿Escuché bien?

RÜDIN: Perfectamente.

OSORIO: ¿*Usté* me está tomando el pelo, doctor?

RÜDIN: *(Sin comprender.)* ¿Tomando el pelo?

OSORIO: Haciéndome pasar por tonto.

RÜDIN: Sabía que iba a pensar eso.

OSORIO: ¿Y entonces?

RÜDIN: No le estoy tomando el pelo.

OSORIO: ¡No me entra en la cabeza que esté hablando en serio! ¡El Brumby, dice! *(Pausa.)* Si me hubiera dicho el Waler podría entenderlo. ¡Esa es una raza! Animales robustos, fuertes, hermosos. Durante la guerra, cruzaron todo el desierto aguantando el hambre, la sed, las heridas...

RÜDIN: Usted no me contrató para que le diga lo que ya sabe. Si quiere ir por los caminos conocidos, no me necesita.

OSORIO: ¡Pero el Brumby, doctor! Ese animal insignificante y salvaje...

RÜDIN: Salvaje. Eso es lo que me interesa. Insignificante, es discutible. Acepto que se trata de una raza sujeta a grandes variaciones en su aspecto físico. Pero si se elige el ejemplar adecuado...

OSORIO: ¿Qué espera conseguir?

RÜDIN: En una crianza selectiva, el gen que transmite lo salvaje, lo indómito, puede resultar muy valioso en la conformación de un carácter.

OSORIO: Me repugna pensar en la más hermosa de mis yeguas montada por uno de esos caballos...

RÜDIN: A mí, el mestizaje me repugna en los humanos. Con los animales, soy pragmático.

OSORIO: El que entiende de estas cosas es *usté*. Por eso, lo contraté. Y mientras no me dé motivos concretos para dejar de creer, me entrego a sus decisiones.

RÜDIN: No se va a arrepentir.

OSORIO: Espero. *(Pausa.)* Dígame qué ejemplar debemos traer y eso es lo que haremos.

Sale Osorio. Rüdin se dispone a poner uno de los discos, cuando sufre nuevamente un ataque de los insectos.

Escena 5

Atardecer. En el galpón, Delia practica en el violín la melodía de la sonata. Osorio se asoma y se queda escuchándola. Luego, se acerca a ella y la toma de la barbilla.

OSORIO: Te sale bien, Delia. Lo hacés sonar lindo. *(Sacándole, con cuidado, el violín de las manos y depositándolo en el suelo, la aprieta contra él. Mientras hunde su nariz en ella, dice.)* ¡Si yo pudiera arrancarte a vos algún sonido!

Rüdin, que venía al galpón trayendo una serie de probetas, se detiene al advertir la escena. Desde un lugar oculto, sigue el desarrollo.
Delia, mientras tanto, se desprende suavemente de Osorio y escapándose, se esconde.

OSORIO: *(Mientras la busca, siguiéndole el juego.)* ¡Vamos, Delia, estoy viejo para estos juegos!

Cuando la encuentra, Delia sostiene en las manos, una soga como la que se usa para enlazar a los caballos. Ella se acerca a Osorio y se la pone alrededor del cuello.

OSORIO: *(Dejándola hacer.)* ¿A qué querés jugar? Decime, vamos, decime...

Ahora Delia lo hace girar alrededor de ella como si él fuera un caballo.

OSORIO: ¿Qué tenés? ¿Qué tenés para calentarme así?

Osorio la tira sobre la paja y la monta. Rüdin sale y al hacerlo pisa y aplasta, como al descuido, el violín de Delia.

Escena 6

En el escritorio de Rüdin. El revisa fichas y hace anotaciones, mientras oye una valses de Strauss. Entra Osorio trayendo, oculta, una botella.

OSORIO: ¿Y? Parece que los bichos lo joroban menos con el
ungüento que le di...
RÜDIN: Tiene un olor intolerable...
OSORIO: Pero por lo menos los mantiene lejos...
RÜDIN: No sé qué es mejor...
OSORIO: Se está quejando demasiado, doctor. El campo ya no
le gusta tanto ¿verdá?
RÜDIN: Esto no es el campo...
OSORIO: Es cierto. (Pausa.) Pero yo venía a otra cosa, a invitar-
lo con un trago.
RÜDIN: No bebo caña ni ginebra.
OSORIO: ¿Y quién hablaba de eso? (Descubriendo la botella.)
¿Lo conoce?
RÜDIN: (Sorprendido.) ¿Cómo lo consiguió?
OSORIO: (Tomando dos copas de un estante y sirviendo.) ¿Vio?
Hasta un salvaje del sur, como yo, tiene sus contactos con
el mundo refinado.
RÜDIN: (Degustando.) Este licor me trae tantos recuerdos.
OSORIO: (Pronunciando mal.) Danziger Goldwasser... ¿Lo dije
bien?
RÜDIN: (Se nota que no lo dijo bien y que a Rüdin le molesta.) Sí.
(Pausa.) Fíjese en los copos dorados: parecen nieve recién
caída del cielo. Y este aroma...
OSORIO: Huele mejor que el ungüento...
RÜDIN: Esa mezcla de alcaravea, anís y cáscara de naranja...
OSORIO: Esto no es para mí. Demasiado delicado.
RÜDIN: Este sabor, esta música, me llevan tan lejos... Si cierro
los ojos puedo ver los blancos vestidos de las mujeres
abriéndose en los giros del vals. ¡Aquel fantástico Baile de
la Opera! ¡La maravillosa y perdida patria de mi juven-
tud...!
OSORIO: ¡Vamos, doctor! Un poco de alcohol y se me pone nos-
tálgico. En realidad, yo venía a festejar.
RÜDIN: ¿Festejar qué?
OSORIO: Encontramos el padrillo que usté quiere: el Brumby.
RÜDIN: ¿Dónde?
OSORIO: No muy lejos, por suerte. Al otro lado de la frontera.

Lo tienen unos gitanos... Podemos traerlo aquí en unos
días.

RÜDIN: Es una buena noticia.

OSORIO: *(Volviendo a llenar las copas.)* Así es. *(Levantando la
copa.)* Por una nueva y poderosa raza, *¡salú!*

RÜDIN: ¡Salud!

Escena 7

*Atardecer. Llevando unos baldes, Gregorio entra al galpón y descubre el violín de Delia tirado en el suelo, pisoteado. Lo recoge y,
en ese momento, entra la muchacha y lo ve. En un acceso de
furia, ella se lanza contra Gregorio golpéandolo y patéandolo.*

GREGORIO: ¡No, pará, pará! ¡No fui yo! ¡Te digo que no fui yo!
¡Lo encontré así! ¡Pará, pará! ¡Pará, carajo! *(Luego de unos
instantes de lucha, Gregorio logra dominarla y la sujeta fuertemente contra él.)* ¡Tranquila, tranquila! *(Por un momento,
ella parece haberse rendido. El hunde la nariz en el pelo.)*
¡Mirá que olés rico, eh! ¡A hembra nuevita olés! ¡No si el
viejo te cuida más que a las yeguas! ¡Y vos, guacha, la
matás callando pero sabés bien que nos tenés a todos alzados! *(En un arrebato, intenta besarla. Delia parece ceder
y, luego, mordiéndolo, se deshace de Gregorio.)* ¡Ay, perra,
me sacaste sangre! *(La chica se escapa.)* ¡Ya te voy a agarrar! ¡Un día de estos te voy a agarrar!

Escena 8

*En el escritorio, de mañana. Suena una de las sonatas de Bach.
Entre Rüdin, alterado, seguido por Osorio.*

RÜDIN: ¡Debe de haber sido ella! ¡La he sorprendido más de
una vez rondando por aquí!

OSORIO: Cálmese, doctor. Ya la mandé a buscar. Si fue ella, se la voy a hacer devolver. *(Irónico.)* La sangre, doctor. Lo llevan en la sangre. Donde ven oro, lo roban.

Gregorio trae a Delia de un brazo. Sale. Osorio, por su parte, la toma del brazo y la enfrenta con Rüdin.

OSORIO: ¡Miralo! Quiero ver si sos capaz de mirarlo a la cara.

Ella lo mira a la cara. Pero Rüdin evita hacerlo.

OSORIO: ¿Qué pasa?

RÜDIN: Nada.

OSORIO: ¿Le molesta mirarla a los ojos?

RÜDIN: *(Negando con la cabeza.)* Sus ojos me recuerdan *(Pausa.)* todo lo que perdí...

OSORIO: Perdió la moneda, doctor. Eso perdió. ¿O ya no le importa? *(Pausa. A Delia.)* Quiero que me digas si te la robaste.

Delia niega con la cabeza.

OSORIO: Si la devolvés, nadie te va a hacer nada. *(Pausa.)* En tu cuarto ya sé que no está. ¿La tenés encima?

Delia sigue negando.

OSORIO: ¿Seguro que no? *(Pausa.)* ¡Desnudate!

Delia se niega con más fuerza.

OSORIO: ¿No me oís? ¡Que te saqués la ropa, te digo!

Delia intenta escapar. Osorio la detiene.

OSORIO: ¡A mí no me vas a desobedecer! ¡Y menos delante del doctor!

Le arranca la ropa.

OSORIO: *(Obligándola a quitarse lo que falta.)* ¡En pelotas, dije!

Delia queda desnuda frente a la mirada de los dos hombres.

OSORIO: ¿Y doctor? Ya no hace falta que le mire los ojos... ¿Ve algo sospechoso?

RÜDIN: La boca. Pídale que la abra.

OSORIO: ¿La boca? A usted no se le escapa nada... Ya lo oíste al doctor: ¡abrí la boca!

Delia aprieta fuertemente las mandíbulas.

OSORIO: ¿También te la tengo que abrir por la fuerza?

RÜDIN: ¡Se la tragó!

OSORIO: ¿Te la tragaste, hija e'una gran...?

RÜDIN: La vi perfectamente.

OSORIO: ¿La vio? ¿Está seguro?

RÜDIN: Por supuesto.

OSORIO: Bien, entonces no hay por qué preocuparse. *(A Delia, dándole una palmada en el traste.)* Vos, vestite. *(Pausa.)* Y usted, doctor, ya sabe... Ahora, sólo hay que esperar... *(Pausa. Luego se empieza a reír. Delia, mientras tanto, a medio vestir, sale corriendo.)*

RÜDIN: No entiendo. ¿De qué se ríe?

OSORIO: Pensaba en usté, doctor.

RÜDIN: ¿En mí?

OSORIO: Sí. *(Pausa.)* Tanta malasangre que se hizo porque el símbolo de la grandeza de su patria había sido "mancillado". Y ahora... ahora lo va a tener que buscar en la mierda.

Apagón. Fin de la primera parte

2ᵈᵃ PARTE

Escena 1

*De mañana, en el escritorio. Rüdin está examinando un prepara-
do en el microscopio.*

OSORIO: *(Entrando.)* ¿Y cómo va eso?

RÜDIN: El semen es de excelente calidad: calculo unos 650.000
espermatozoides por centímetro cúbico.

OSORIO: ¿Y eso qué quiere decir?

RÜDIN: Promete buena fertilidad. *(Pausa.)* De todos modos, di-
luí una parte del semen en glucosa para seguir estudiando
la motilidad y vitalidad de los espermatozoides. Ahora hay
que esperar unas diez horas para saber con exactitud. *(Pausa.)* ¿Me parece o hay algo que no entiende?

OSORIO: *(Que se ha quedado pensativo durante todo el párrafo
de Rüdin.)* No. *(Pausa.)* Si yo quisiera tener un hijo...

RÜDIN: ¿Perdón?

OSORIO: ¿Le molesta que le hable de esto? *(Pausa.)* Usté es
médico, ¿no?

RÜDIN: Sí, claro...

OSORIO: *(Pausa.)* Hace mucho, yo tuve una mujer... *(Pausa.)*
Queríamos... pero ella no pudo...

RÜDIN: Lo siento.

OSORIO: Y ahora, si yo quisiera con la Delia, tal vez usted...

RÜDIN: No sé que me está pidiendo, señor...

OSORIO: Nada, nada. Olvídese... *(Pausa.)* El padrillo ése es verdaderamente salvaje. Por ahora, nadie más que el gitano
que lo trajo puede acercársele...

RÜDIN: Mañana empezaremos con el servicio.

OSORIO: Eso está muy bien. *(Pausa.)* Lo dejo trabajar. *(Amaga
salir pero vuelve sobre sus pasos.)* ¡Ah, qué cabeza la mía!
Olvidaba decirle que llamaron los amigos...

RÜDIN: *(Ansioso.)* ¿Para qué?

OSORIO: Nada para preocuparse, por ahora....

RÜDIN: Bueno, pero ¿qué?

OSORIO: Para avisar que, un camarada suyo, debió cambiar rápidamente de domicilio porque llegó un pedido de extradición para él. Nos recomendaron que estuviéramos atentos...

RÜDIN: Pero yo, acá, estoy seguro ¿no?

OSORIO: Sí. Por ahora, sí. Pero usted sabe cómo es esto... *(Pausa.)* Espero que no tenga que irse antes de terminar su trabajo.

Escena 2

Osorio y Gregorio en el galpón.

GREGORIO: Hay bronca, patrón.

OSORIO: ¿Bronca? ¿Con quién?

GREGORIO: Con el gitano.

OSORIO: ¿Por qué ¿Qué hizo el mozo?

GREGORIO: Desplumó a toda la *pionada* con el jueguito ése de adivinar dónde esconde la bola. Y lo *pior* es que cuando algunos quisieron recuperar unos pesos con la taba, él los volvió a pelar.

OSORIO: Bueno, todavía les queda el truco.

GREGORIO: Estoy hablando en serio, patrón. Sabe que acá son rápidos con el cuchillo... Un día de éstos, lo van a achurar...

OSORIO: ¿Y qué querés que haga?

GREGORIO: Que lo mande de vuelta, patrón.

OSORIO: Por ahora, lo necesitamos. Es el único que domina al padrillo.

GREGORIO: Mientras sea al padrillo nomás...

OSORIO: ¿Qué me querés decir?

GREGORIO: Nada, patrón.

OSORIO: ¿Nada? ¡Vamos, hablá! ¿Qué anda pasando?

GREGORIO: La Delia, patrón...

OSORIO: ¿Qué pasa con ella?

GREGORIO: Desde que llegó ése, la Delia anda todo el tiempo

dando vueltas por el galpón.

OSORIO: Le debe gustar el padrillo...

GREGORIO: Sí, el de los dientes de oro...

OSORIO: ¿El mozo tiene dientes de oro?

GREGORIO: ¿No se había fijado?

OSORIO: No me había dado cuenta.

GREGORIO: La Delia sí se fijó.

OSORIO: Decime ¿viste algo?

GREGORIO: Tanto como ver, no. Pero olí, patrón, olí.

OSORIO: Quiero saber si podrás con ese animal.

GREGORIO: ¿Lo dice por el padrillo?

OSORIO: ¿Te andás haciendo el chistoso?

GREGORIO: He podido con otros más bravos, patrón.

OSORIO: Entonces, hacete cargo. *(Pausa.)* Quiero al gitano afuera lo más pronto posible.

Escena 3

En el galpón, Delia intenta tocar en el violín aplastado. El sonido es horrible.

Escena 4

Atardecer, en el escritorio.

OSORIO: ¡Nunca había visto algo igual! ¡Arañaban el aire con las patas, arqueaban los cuellos y lanzaban relinchos de guerra!

RÜDIN: Y luego se lanzaron las unas contra las otras, golpeándose y mordiéndose furiosamente. Al fin, los peones lograron separarlas pero dos de ellas quedaron seriamente lastimadas.

OSORIO: Basta el olor de ese animal para enloquecerlas. Jamás había visto a las yeguas disputándose tan encarnizadamente un padrillo... *(Pausa.)* Espero que no se haya equivocado al elegirlo, doctor.

RÜDIN: Al contrario. Todo es signo de una naturaleza poderosa apta para engendrar una raza superior. Y esa raza, llevará el nombre de Osorio. Su nombre, señor.

OSORIO: Me gusta la idea. Una raza, un linaje, una dinastía que consagre mi nombre en la carrera más dura del mundo.

GREGORIO: *(Desde la puerta.)* Perdone que interrumpa, patrón. Pero necesito decirle algo a solas.

OSORIO: *(A Rüdin.)* ¿Me disculpa un segundo? *(Salen él y Gregorio.)* ¿Qué te anda pasando?

GREGORIO: No me va a creer.

OSORIO: ¡Vamos, largá el rollo!

GREGORIO: ¡La oí!

OSORIO: ¿A quién?

GREGORIO: A la Delia, patrón.

OSORIO: ¿Qué estás diciendo?

GREGORIO: ¡Habla, patrón! ¡La Delia habla!

OSORIO: ¿Habla?

GREGORIO: Entré al galpón y la oí. *(Pausa.)* Le hablaba a él, patrón.

OSORIO: ¿A él?

GREGORIO: Al gitano. Con una voz... Nunca había oído una voz así...

OSORIO: ¿Qué tenía la voz?

GREGORIO: Una hembra en celo, patrón.

OSORIO: ¿Qué oíste? ¿Qué le decía?

GREGORIO: Algo raro.

OSORIO: ¿Qué?

GREGORIO: Ella le metía los dedos en la boca...

OSORIO: ¿Le metía...?

GREGORIO: Le metía los dedos, así, así. Le acariciaba los dientes. Y le decía: "*mishó*", "*mishó*".

OSORIO: ¿Qué cosa?

GREGORIO: Algo así como "*mishó*", le decía.

OSORIO: ¿*Mishó*, decís? ¿*Mishó*? ¿Y eso qué es?

GREGORIO: No sé. Debe ser una palabra de ellos. *(Pausa.)* Esos

se entienden...
OSORIO: *(Pausa.)* Decíme, ¿ya podés con el padrillo?
GREGORIO: *Toy* pudiendo, patrón.
OSORIO: Bueno. Entonces, decile al correntino que ahora mismo se encargue del muchacho. *(Pausa.)* De la Delia, me ocupo yo.

Escena 5

De mañana. En el escritorio, Rüdin está eligiendo un disco. Opta por las sonatas y partitas de Bach. Observa los preparados a través del microscopio y hace anotaciones. Entra Osorio visiblemente alterado.

RÜDIN: ¿Qué sucede?

Osorio se derrumba en el sillón.

RÜDIN: *(Ansioso.)* ¿Tengo que marcharme? ¿Es eso?

Osorio niega con la cabeza.

RÜDIN: ¿Entonces?
OSORIO: Lo robaron.
RÜDIN: ¿Qué robaron?
OSORIO: Al padrillo.
RÜDIN: ¿Cómo? ¿Qué pasó?
OSORIO: Lo vamos a recuperar. Mi gente ya salió a buscarlo.
RÜDIN: Es malo, muy malo interrumpir los servicios en este momento.
OSORIO: ¡Cómo pude estar tan ciego!
RÜDIN: Esto pone en riesgo el proyecto.
OSORIO: Jamás pensé que aquí alguien se atrevería...
RÜDIN: Hay que recuperarlo lo antes posible.
OSORIO: ¡Maldito gitano! *(Pausa.)* Seguramente intentarán alcanzar la frontera...

RÜDIN: ¿Intentarán?

Se oyen relinchos furiosos.

OSORIO: ¿Oye?

RÜDIN: Son las yeguas en celo.

OSORIO: Arden llamando al macho.

RÜDIN: Habrá que ver cómo las calmamos hasta que...

OSORIO: La voy a moler a rebencazos. Después, la voy a colgar
de la argolla y la soltaré sólo para montarla.

RÜDIN: *(Saliendo.)* Discúlpeme. Voy a ver qué se puede hacer
para tranquilizar a esos animales.

OSORIO: Hembra ladina y traicionera. A lonjazos te voy arrancar las palabras. Sólo para mí vas a hablar. Vas a gemir
sólo para mí. Como una hembra en celo. ¡Como una hembra en celo!

Escena 6

*En el galpón, Rüdin manipula una serie de probetas. De pronto,
un ataque de los mosquitos lo obliga a supender la tarea.*

OSORIO: *(Entrando.)* ¿Por qué no se pone el ungüento, doctor?

RÜDIN: El olor me descompone.

OSORIO: ¡Mire que es delicado, eh! Prefiere que los bichos se lo
coman vivo...

RÜDIN: *(Mientras sigue intentando defenderse de los mosquitos.)* ¿Hay novedades del padrillo?

OSORIO: No todavía.

RÜDIN: A las yeguas, hubo que inyectarles sedantes. Fue el
único modo...

OSORIO: ¡Pero, mire cómo lo han puesto! ¿Por qué no se va un
rato adentro? *(Refiriéndose a la tarea de Rüdin.)* Eso puede
esperar. Vaya, hágame caso. Sobre el escritorio, hay ese
licor que a usté le gusta.

CRIATURAS DE AIRE
105

Antes de que Rüdin salga, entra Gregorio corriendo.

GREGORIO: ¡Patrón! ¡Patrón! ¡Lo tenemos!

OSORIO: ¿Agarraron al maldito?

GREGORIO: Recuperamos al padrillo.

OSORIO: ¿Y ellos?

RÜDIN: ¿Cómo está?

Gregorio mira alternativamente a uno y a otro.

GREGORIO: Escaparon en un bote, río abajo. Pero ya los van a traer. El correntino y cinco hombres más van tras ellos...

RÜDIN: ¿Y el padrillo?

GREGORIO: Viene en una jaula.

RÜDIN: ¿Está bien?

GREGORIO: Lo lastimaron en el cogote, al enlazarlo. *(Pausa.)* Entre cinco, no podían con él.

OSORIO: *(Que venía cargando bronca, explota.)* ¡Manga de inútiles! ¡No hacen nada bien!

RÜDIN: Debieron tener más cuidado.

OSORIO: ¡Les dije que no los dejaran escapar!

GREGORIO: Pero, patrón...

OSORIO: ¡No, si voy a tener que salir yo mismo a buscarlos!

GREGORIO: Espere, patrón, no se impaciente. Ya va a ver que hoy mismo el correntino los agarra y los trae de vuelta.

OSORIO: ¿Le dijiste que se encargara del gitano?

GREGORIO: Sí, patrón. Le di las "intruciones" y el facón se le salía de la vaina.

RÜDIN: Lo importante es haber recuperado al padrillo. Era muy riesgoso interrumpir los servicios. Ponía en peligro nuestro proyecto.

OSORIO: ¿Nuestro?

RÜDIN: Estamos juntos en esto, señor.

OSORIO: No me lo había dicho.

RÜDIN: Va a salir bien. Usted va a ser el padre de una raza ganadora y yo... yo voy a regresar con gloria a mi patria. Tengo muchas esperanzas.

Rüdin sufre un nuevo ataque de los mosquitos.

OSORIO: Vaya, doctor, antes que los mosquitos lo liquiden. Vaya a tomar ese licor y a celebrar, por anticipado, la vuelta del padrillo.

Escena 7

En el galpón, Osorio encuentra el violín de Delia. Lo toma y lo huele.

OSORIO: ¿Qué me pasa? Ando como un perro, olfateando por ahí, husmeando tus aromas. Me falta el aire si no te huelo cerca. *(Pausa.)* ¿Será que me volví un flojo, un pollerudo? *(Pausa.)* En mi cama quedan todavía tus olores y yo sueño con vos. Sueño que me hablás y me despierto al palo. *(Pausa.)* Vas a volver, Delia. Y vas a hablar, vas a hablarme. ¡Sí que vas a hablarme! ¡Como que me llamo Osorio que lo vas a hacer!

Escena 8

En el escritorio. Rüdin está leyendo un diario y lo que lee lo altera. Entra Osorio.

RÜDIN: Usted no me lo había dicho pero, finalmente, lo extraditaron.
OSORIO: No quise preocuparlo al cohete.
RÜDIN: ¿Al cohete?
OSORIO:Al pedo. *(Pausa.)* Quédese tranquilo. A ése, el general no tuvo más remedio que entregarlo. Hubo muchas presiones...
RÜDIN: Lo que me dice, no me deja tranquilo.
OSORIO: ¿Cómo se porta el padrillo?
RÜDIN: Estoy cansado de huir...

OSORIO: Ríndase.

RÜDIN: *(Pausa.)* Magníficamente. El padrillo se porta magníficamente. Pronto tendremos novedades.

GREGORIO: *(Asomándose, muy excitado.)* Permiso, patrón. Tengo algo para *usté.*

Salen juntos. Gregorio saca de su bolsillo, un trapo ensangrentado y se lo tiende a Osorio que lo interroga con la mirada. Gregorio lo invita a abrirlo.

GREGORIO: No hay nadie como el correntino manejando el facón...

OSORIO: *(Sonríe al ver el contenido. Luego, guardando el trapo en el bolsillo.)* ¿Y ella, dónde está?

Gregorio le señala el galpón donde Delia está parada, con una soga atada al cuello. Cuando entra, Osorio toma el extremo de la soga y, tirando de ella, atrae a Delia hacia él. Desesperadamente, hunde la nariz en ella.

OSORIO: Así que me engañaste todo el tiempo. ¡Podías hablar y no querías! ¡Pero con él, sí! ¡A ese roñoso sí le hablabas...! ¿Siempre le hablabas? ¿O nomás cuando te movía? *(Pausa.)* ¡Vamos! ¿Qué le decías? ¡Quiero que me digas a mí lo mismo que le decías a él! *(Silencio.)* ¡Vamos, Delia, quiero oírte! ¡Quiero oír esa voz de hembra en celo! *(Como ella no emite sonido alguno, Osorio la empuja, alejándola y la hace dar vueltas a su alrededor como a un caballo...)* No decís nada. No querés hablar... Pero yo te voy a domar. Vas a abrir la boca como abriste las piernas... Quiero oírte la voz, conocer ese tono caliente... ¿Cómo le decías al roñoso ése? Esa palabra, ¿cómo era?... ¿Mishó? ¿Mishó, le decías?... *(Atrayéndola nuevamente hacia él.)* ¡Decimelo a mí! *(Apasionándose.)* ¡Decimelo a mí! ¡Decimelo, Delia, decimelo! *(Delia, que, como una autómata, lo deja hacer, guarda silencio. El, enfriado por su falta absoluta de respuesta, vuelve a separarla de su cuerpo y sacando de su bolsillo el trapo*

ensangrentado, la obliga a tomarlo.) Tomá. Pensé que los
querrías. Son de oro... Y es todo lo que queda de él.

Delia grita un grito mudo. Los dientes de oro ruedan por el piso.

3ª PARTE

Escena 1

*Dos meses después, un caluroso atardecer en el escritorio de
Rüdin.*

RÜDIN: En un par de años, sus caballos arrasarán en la gran
carrera.

OSORIO: ¿De *verdá* lo cree?

RÜDIN: Con las yeguas preñadas y todo avanzando sin compli-
caciones, no tengo ninguna duda. ¡Ya verá qué magníficos
ejemplares nacerán! ¡Estoy seguro de que tendrán la alza-
da, el aplomo y las proporciones ideales!

OSORIO: Entonces, tal vez el año próximo pueda mandar las
fichas de inscripción. *(Pausa.)* ¿Qué le pasa?

RÜDIN: Nada. *(Pausa.)* Pensaba adónde estaré yo el próximo
verano...

OSORIO: Entiendo. *(Pausa.)* Quiero pedirle algo, doctor.

RÜDIN: Lo escucho.

OSORIO: Necesito saber...

RÜDIN: ¿Qué?

OSORIO: Creo que está preñada.

RÜDIN: ¿Quién?

OSORIO: Ella. *(Pausa.)* La Delia.

RÜDIN: ¡Ah! *(Pausa.)* ¿Y es...?

OSORIO: ¿Usted podría confirmarlo?

RÜDIN: ¿Confirmar qué?

OSORIO: Que está preñada.

RÜDIN: Bueno, no es mi especialidad... *(Pausa.)* Tendría que revisarla... *(Pausa.)* ¿Y si está...?

OSORIO: Quiero que se lo saque.

RÜDIN: *(Pausa.)* No es mi trabajo.

OSORIO: Le pago muy bien, ¿no es cierto?

RÜDIN: *(Empecinado.)* No es mi trabajo.

OSORIO: ¿Le da asco tocarla? ¿Es eso?

RÜDIN: *(Pausa.)* Sus ojos... No quiero ver sus ojos...

OSORIO: ¿Qué me está diciendo?

RÜDIN: Digo que... hay riesgos...

OSORIO: ¿Qué clase de riesgos?

RÜDIN: Podría quedar estéril.

OSORIO: ¿Estéril?

RÜDIN: Nunca más traería al mundo un gitano con un ojo azul y otro marrón.

OSORIO: Dice que llevaría mi marca para siempre... *(Pausa. Como para sí.)* Ella habla...

RÜDIN: ¿Habla?

OSORIO: Gegorio la oyó. Le hablaba al gitano. Le decía : "*mishó, mishó*".

RÜDIN: ¿Y eso qué es?

OSORIO: No lo sé. *(Pausa.)* Pero quiero que me lo diga a mí.

RÜDIN: Una palabra que no significa nada...

OSORIO: *(Pausa.)* Sáqueselo, doctor. No quiero que el hijo de ese roñoso la deforme.

RÜDIN: *(Pausa.)* Está bien. Pero quiero algo a cambio.

OSORIO: ¿Qué?

RÜDIN: Que se comprometa a ayudarme a regresar a mi patria cuando gane la carrera.

OSORIO: Voy a hacer lo que esté en mis manos.

RÜDIN: ¿Cuándo quiere que me ocupe?

OSORIO: Ahora mismo.

(Sale Rüdin.)

OSORIO: Es mía, yo la hice. Era un animalito, una nada. La dejé crecer, la esperé como a la naranja que va madurando para soltar el jugo más dulce. La arranqué a punto y la monté como a la mejor de mis yeguas. La penetré por todos los agujeros. Pero no me alcanza. Quiero su palabra, su gemido. Quiero oírla gritar. Quiero que me diga: "Mishó", "mishó".

Escena 2

En el galpón, Gregorio carga baldes de comida. Entra Osorio.

OSORIO: ¿Qué pasaba? ¿Qué era todo ese escándalo hace un momento?

GREGORIO: Una pelea entre la *pionada*, patrón.

OSORIO: ¿Y la causa?

GREGORIO: Para embromar, alguno de los muchachos le sacó el facón al correntino y se lo escondió...

OSORIO: ¿El facón?

GREGORIO: El correntino parecía un toro embravecido...

OSORIO: Me imagino que los paraste.

GREGORIO: Suspendí el asado y la taba del domingo.

OSORIO: ¿Y el facón apareció?

GREGORIO: Todavía no. Pero no va a tardar.

OSORIO: Espero... Decime cómo sigue el padrillo.

GREGORIO: No come ni toma agua. Pero se vuelve loco cuando oye el relincho de las yeguas.

OSORIO: Consulté con el doctor. Dice que lo juntés con las yeguas nuevas.

GREGORIO: ¡Pero si no come, cómo va a servir!

OSORIO: Dice que lo juntés.

GREGORIO: ¡Pero...!

OSORIO: ¡Juntalo, carajo! Seguro que después de montarlas devora el alimento.

GREGORIO: *Tá* bien, patrón. Si el gringo lo dice...

Osorio sale del galpón y se dirige al escritorio donde Rüdin está oyendo las sonatas y partitas de Bach.

RÜDIN: Escuche. Aquí introduce la fuga de proporciones más
    amplias...
OSORIO: ¿Y ella? ¿Cómo está?
RÜDIN: *(Siempre atento a la música.)* Se repondrá...
OSORIO: Perdió mucha sangre.
RÜDIN: Le advertí que podía pasar.
OSORIO: No lo culpo. *(Pausa.)* ¿Cuánto tardará en reponerse?
RÜDIN: Una semana. Diez días, tal vez...
OSORIO: Para ese entonces, *usté* no estará aquí.
RÜDIN: ¿Qué dice?
OSORIO: Avisaron que debe marcharse antes de que vengan a
    buscarlo.
RÜDIN: ¡Maldito sea!
OSORIO: Está todo arreglado para que cruce la frontera sin
    problemas.
RÜDIN: ¿Adónde iré?
OSORIO: Hacia el norte o hacia el noroeste. *Usté* decide.
RÜDIN: Estoy cansado.
OSORIO: Por suerte, terminó su trabajo. Lo que lamento es que
    no pueda quedarse para ver el resultado.
RÜDIN: ¿Cómo está el padrillo?
OSORIO: Hace unos días que no come y apenas bebe. Pero su
    apetito sexual no disminuyó. *(Pausa.)* Le ordené a Gregorio
    que lo juntara con las yeguas, como *usté* me dijo.
RÜDIN: ¿Cuándo debo marcharme?
OSORIO: Lo antes posible.
RÜDIN: ¿Estaría bien pasado mañana?
OSORIO: Será mañana, al amanecer. Tiene unas horas para
    decidir adónde irá. En uno u otro lugar, hay amigos espe-
    rándolo.
RÜDIN: Sueño con regresar a mi tierra.
OSORIO: Sueña demasiado, doctor.
RÜDIN: Me fui pensando que en unos pocos años todo se olvi-
    daría y yo podría regresar a mi patria. Mi patria. Duele
    decirlo.
OSORIO: ¡Qué ironía, no!
RÜDIN: ¿De qué habla?

OSORIO: Finalmente, también *usté* se ha convertido en una criatura errante. ¿Cómo era que los llamaba?
RÜDIN: ¿Se refiere...?
OSORIO: A los gitanos. *(Pausa.)* A la Delia.
RÜDIN: ¡No me estará comparando con ella!
OSORIO: ¿Con ella? ¡No! ¡Le faltan algunas cosas y le sobran otras, doctor! *(Pausa.)* ¿Cómo era que les decía?
RÜDIN: Criaturas de aire.
OSORIO: Eso. Criaturas de aire...
RÜDIN: Si me permite, voy a preparar mis cosas.
OSORIO: Por supuesto, doctor. Atienda, atienda, nomás.

Sale Rüdin. Osorio se queda curioseando los discos. Finalmente, se decide por las sonatas y partitas de Bach. Las pone en la vitrola.

Escena 3

Entra Gregorio al galpón. Del box llegan relinchos furiosos.

LA VOZ DE GREGORIO OFF: *(Gritando.)* ¡Me vas a hacer caso, entendés! ¡Aunque tenga que reventarte a golpes! ¡Quieto, quieto, te digo, animal del demonio!
GREGORIO: *(Con el rebenque en la mano y con señales de haber sostenido una dura lucha, sale mientras llama.)* ¡Faustino! ¡Ramón! ¡Vengan a darme una mano!

Escena 4

Osorio entra al escritorio trayendo en brazos a Delia. Ella tiene apretado contra su cuerpo, el violín de lata. Osorio la acomoda en el sillón donde Rüdin escuchaba música.

OSORIO: Vamos a empezar de nuevo, vos y yo solos. Acá vas a

estar bien. Mirá, tenés la música que te gusta. Ahora que
el gringo se va, todo esto va a ser para vos. Todo. *(Pausa.)*
¿Estás contenta? *(Silencio.)* Decime algo, Delia. Hablame,
por favor. *(Pausa.)* ¿Sabés lo que estuve pensando? *(Pausa.)* Ni yo mismo puedo creer las cosas que pienso
últimamente... *(Pausa.)* Pero se me ocurrió que cuando vaya
a la Capital, *(Pausa. Luego de un tirón.)* te voy a comprar
un violín. ¿Y? ¿Qué te parece? ¿Te gustaría eso? Un violín
de *verdá*, Delia. Para que toqués la música que te gusta.
*(Delia no dice nada y continúa aferrada a su violín de lata.
Osorio intenta sacárselo.)* Este no sirve más. Dámelo que
vamos a tirarlo. *(Delia se abraza desesperadamente a su
violín y grita un grito mudo. Implorando.)* Delia, hablame,
por favor. Hablame. Decíme "mishó", "mishó".

Escena 5

*Noche cerrada. En el establo, Delia saca de su seno el trapo
ensangrentado que envuelve los dientes de Mario. Lo abre y los
contempla. Luego, vuelve a atarlo y lo guarda nuevamente en el
seno. Ahora, toma un gran cuchillo que estaba escondido, oculto
entre el heno. Prueba el filo con un dedo y se corta. Mira correr su
sangre y después se la pasa por la cara.*

Escena 6

Es el alba. Afuera, Rüdin está preparado para partir.

OSORIO: Ya deben estar por venir los amigos.
RÜDIN: Estaremos en contacto y así podrá mandarme noticias.
(Pausa.) Quién sabe... Tal vez algo cambie y en un par de
años conquistemos el mundo en la gran carrera.

Se oyen relinchos furiosos. Gritos.

LUCÍA LARAGIONE

OSORIO: ¿Qué fue eso? ¡Gregorio, Gregorio!

Entra Gregorio, muy alterado, con la cuchilla ensangrentada en una mano y arrastrando a Delia que viene exhausta y anegada en sangre: ropas, brazos, cara.

GREGORIO: ¡Patrón!

OSORIO: ¿Qué es esto? ¿Qué pasó?

GREGORIO: *(Tirando la cuchilla al suelo.)* ¡La muy disgraciada!

OSORIO: ¿Qué pasó?

GREGORIO: *(Empuja a Delia que cae de rodillas.)* La encontré con el facón del correntino en la mano...

RÜDIN: ¿Qué está diciendo?

GREGORIO: ¡Ya había hecho una carnicería!

RÜDIN: ¿De qué habla?

GREGORIO: No entiendo cómo tuvo tanta fuerza: las abrió a todas.

RÜDIN: *(Todavía sin entender.)* ¿A todas?

GREGORIO: Les arrancó los fetos uno por uno.

RÜDIN: *(Ahora sí entendiendo.)* ¡No, no!

OSORIO: ¿Cómo pudo sola? ¿Cómo pudo?

Delia levanta la cabeza y lo mira desafiante. Se oyen sonidos de bocina.

OSORIO: *(Muy frío.)* Vienen por usté, doctor.

GREGORIO: Ni el padrillo se salvó, patrón.

RÜDIN: *(Avanzando amenazante hacia Delia.)* ¡Maldita!

Osorio se interpone. Vuelve a oírse insistentemente la bocina.

RÜDIN: ¿Y ahora? ¿Qué vamos a hacer ahora?

OSORIO: Ahora usted se va a ir, doctor.

RÜDIN: ¡No voy a irme así...!

OSORIO: Acompáñalo, Gregorio.

RÜDIN: Pero espere, espere... ¡Todavía podemos...!

OSORIO: Acompáñalo.

Gregorio intenta tomarlo del brazo. Rüdin, ofendido, lo rechaza.

RÜDIN: ¡No estamos derrotados! ¡Le digo que podemos volver a
   empezar!

Una vez más suena la bocina.

OSORIO: Se le acabó el tiempo, doctor.

RÜDIN: *(Mientras sale acompañado por Gregorio.)* ¡No estamos
derrotados, podemos, todavía podemos!

*Ahora Osorio se inclina y obliga a Delia a levantarse. Durante
largos segundos, se miran en silencio. Luego,Osorio empieza a
limpiar con las manos la sangre que la baña y, después, se em-
badurna la cara y la ropa.*

*Los dos quedan cubiertos de sangre y enfrentados mientras se
oye una de las sonatas para violín de Bach y va bajando la luz
hasta el apagón final.*

1° DE MAYO

1° DE MAYO

En memoria de mi padre, el escritor
y camarada Raúl Larra.

*Una sala general de hospital: hileras de camas blancas, la luz
del mediodía ilumina el lugar. Sobre la pared del costado, una
puerta que conduce al baño. Jorge, un hombre de unos veinticin-
co años, lee unos papeles, interpretando en un medio tono...*

JORGE: "Camaradas del Ejército Rojo, Camaradas trabajadores de la Unión Soviética: hoy, por primera vez, desde la
gloriosa terminación de la gran guerra patriótica, celebramos el 1° de mayo...

*En ese momento, Clara con su enorme panza, sale del baño.
Jorge guarda rápidamente los papeles en el bolsillo.*

JORGE: ¿Te ayudo?
CLARA: ¿Qué guardás?
JORGE: *(Culposo.)* Nada.
CLARA: ¿Cómo nada?
JORGE: *(Mientras la ayuda a sentarse en la cama.)* ¿Estás bien?
CLARA: ¿Es una sorpresa para mí?
JORGE: *(Pausa.)* Sí. ¿Estás bien?
CLARA: ¿Me querés decir por qué justo hoy estabas tan apurado

por almorzar?

JORGE: Tenía hambre.

CLARA: Si no hubiéramos comido, me hubiera evitado el enema... Encima de todo, el enema.

JORGE: Me parece que igual te lo hubieran hecho.

CLARA: ¡Ay!

JORGE: ¿Una contracción?

CLARA: ¡Me estoy cagando otra vez!

JORGE: *(Impactado por la crudeza del lenguaje de Clara y mientras la acompaña al baño.)*: ¡Jamás te había oído hablar
así!

CLARA: ¡Jamás me había dolido así!

*Clara regresa al baño y, entonces, Jorge vuelve a sacar los pape-
les y a leer, siempre interpretando.*

JORGE: "Hoy por primera vez desde la terminación de la gloriosa guerra patriótica celebramos el 1° de mayo, fiesta
internacional de los trabajadores, en condiciones pacíficas
de vida, logradas a costa de una durísima lucha contra los
enemigos, después de enormes sacrificios y privaciones..."

CLARA: *(Saliendo del baño.)* Haceme acordar de todo esto, la
próxima vez que piense en tener un bebé...

Jorge vuelve a guardar apresuradamente los papeles.

CLARA: ¿Escribiste un poema para nuestro hijo? ¿Es eso no?
¡Ay, Jorge! Leémelo. Quiero escucharlo.

*Una contracción la obliga a interrumpirse y a concentrarse en el
jadeo.*
*Se nota que a él se le hace intolerable el dolor de Clara: la acom-
paña en la respiración.*

JORGE: ¿Pasó? ¿Ya pasó?

CLARA: Pasó, sí.

JORGE: ¡Voy a llamar a la partera!

CLARA: No, esperá, esperá. Se va a cabrear. Me vio hace sólo
     diez minutos y dijo que teníamos para rato...
JORGE: ¿Cuánto? ¿No dijo cuánto?
CLARA: ¿Qué apuro tenés? Va a nacer cuando deba ser, ni an-
     tes ni después...
JORGE: Pero tal vez sea antes de las cuatro...
CLARA: ¿Y por qué?
JORGE: No, por nada.
CLARA: ¿Qué te pasa? *(Pausa.)* ¿Vos no estarás pensando en ir,
     no? *(Pausa.)* Decime ¿era por eso que estabas tan apurado
     por almorzar?
JORGE: Tenía hambre. Ya te lo dije.
CLARA: Me prometiste que no ibas a ir ¿te acordás?
JORGE: Sí.
CLARA: Y sobre todo ahora que va a nacer el bebé. ¡No se te
     habrá pasado por la cabeza dejarme sola aquí pariendo!
JORGE: Sola no. Con los que más necesitás: la partera, el mé-
     dico...
CLARA: Muy gracioso... *(Pausa.)* Ahora tenés que pensar en tu
     hijo.
JORGE: Pienso en él.
CLARA: Yo no quiero que tenga que pasar por lo mismo que me
     tocó a mí...
JORGE: *(Mientras sigue acariciándole la panza.)* Lo sé.
CLARA: A mí me gusta vivir donde vivimos. Me gusta sentir el
     sol que entra por el balconcito al mediodía. Y los murmu-
     llos del barrio, diferentes a cada hora. *(Pausa.)* No quiero
     tener que irme corrida por la policía.
JORGE: No.
CLARA: ¿No? Así pasé mi infancia. Mudándonos con nuestras
     pocas pertenencias de una pieza a otra, de un barrio a
     otro...

*Cuando va a decir la última frase, Jorge la acompaña y la dicen
a dúo.*

CLARA Y JORGE: Todavía después que mi viejo murió, seguían

viniendo a buscarlo...

CLARA: ¿Te estás burlando?

JORGE: No, mi amor. Claro que no. *(Pausa.)* Yo entiendo bien lo que te pasa. Pero también necesito que entiendas que ésta es otra época, otro momento... La Unión Soviética ha vencido al fascismo y se abren nuevas esperanzas...

CLARA: *(Ligeramente irónica.)* Sí. Un mundo nuevo, un hombre nuevo...

JORGE: ¿Por qué lo decís con ese tono? ¿Acaso vos no creés...?

Ella tiene una nueva contracción.

JORGE: ¡Llamo a la partera!

CLARA: No. Esperá, esperá. Todavía son muy espaciadas. Ella ya dijo que falta...

JORGE: ¿Cuánto?

CLARA: ¿Insistís? ¿No te das cuenta de que un nacimiento no se puede apurar? *(Pausa.)* No quiero que vayas, Jorge. Entendelo.

JORGE: Pensá en tu viejo. ¿Qué diría él?

Con un gesto amoroso, ella le cubre la boca con los dedos para que no siga hablando.

CLARA: Anoche soñé con él... Bueno, en realidad hace ya varias noches que sueño con él.

JORGE: No me habías contado.

CLARA: No. *(Pausa.)* Lo vi clarito, clarito. Iba en su bicicleta y no rengueaba. Con la galera y la cara tiznada... Pedaleaba muy ligero y me llevaba sentada en el caño como cuando era chica... El aire nos golpeaba la cara y yo me reía a carcajadas. Me sentía tan feliz...

JORGE: Mirá que me voy a poner celoso...

CLARA: ¿De mi papá? ¡Sonso!

JORGE: De tu viejo, sí. Hablás de él como si fuera el héroe de un cuento.

CLARA: Lindo héroe. Un deshollinador anarquista, con la pata

quebrada por los golpes de la policía...
LOS DOS A CORO: ¡Un primero de mayo en la Plaza Lorea!

Ella le pega un suave coscorrón. Desde afuera entran los acordes de "La Internacional". Es un camioncito altoparlante que pasa anunciando el acto.

JORGE: ¡Oí Clara, oí eso! *(Canta acompañando la grabación:)* "Arriba los pobres del mundo, de pie los esclavos sin pan..."

Ahora se oye al locutor anunciando a los participantes: "Esta tarde, a las 16, el Partido Comunista realizará una concentración en Plaza Irlanda, Donato Alvarez y Gaona. Ocuparán la tribuna el señor Jorge Calvo..."

CLARA: *(Sobre el fondo del camioncito que se aleja y sigue nombrando a Rodolfo Ghioldi y Alcira de la Peña.)* ¡Jorge Calvo dijeron!
JORGE: *(Descubierto y orgullosísimo a la vez.)* ¿Sí?
CLARA: ¡Vos!

Silencio.
Luego, Jorge asiente con la cabeza.

CLARA: ¿Cómo no me lo dijiste antes?
JORGE: Me enteré ayer a la noche que me habían elegido. Pensaba decírtelo hoy y...
CLARA: Y el bebé se adelantó. *(Pausa.)* Debería ponerte orgulloso que tu hijo nazca un primero de mayo.
JORGE: ¡Estoy orgulloso...!
CLARA: Pero...
JORGE: ¡Me eligieron a mí, Clara! ¡Me eligieron a mí entre todos!
CLARA: ¿Te eligieron para qué?
JORGE: Para leer el discurso que el camarada Stalin pronunció con motivo del 1° de mayo.
CLARA: ¿Te eligieron a vos?

JORGE: Sí. Fui...
CLARA: ¡Ah! ¡Esa era la sorpresa que me tenías! ¡Dame los papeles!
JORGE: ¿Qué papeles?
CLARA: ¡No te hagas el tonto! ¡Los que guardás en el bolsillo!
JORGE: ¿Para qué los querés?
CLARA: *(Pausa.)* Para nada.

Silencio.

JORGE: Me eligieron porque fui el que más fichas llenó en los últimos meses... *(Pausa.)* Afilié a casi todos los que me compran libros.
CLARA: A casi todos los que no te pagan querrás decir.

Una nueva y muy dolorosa contracción.

CLARA: ¡Mierda cómo duele!
JORGE: Voy a buscar a la partera.
CLARA: No me va a sacar el dolor la partera. Tengo que aguantar, controlar si son más frecuentes.
JORGE: ¡Seguro que va a nacer ahora!
CLARA: Para que te puedas ir con la conciencia tranquila. *(Pausa.)* Vos tenés que quedarte aquí conmigo porque va a nacer tu hija. Y no me vas a dejar sola.
JORGE: ¿Cómo que mi hija?
ELLA: Tu hija, sí. ¿De quién si no?
EL: Hablo del sexo. Hija dijiste.
ELLA: Es una nena. Estoy segura.
EL: Pero si hasta hace diez minutos estabas convencida de que era un varón.
ELLA: Es una nena.
EL: ¿Qué va a decir mi vieja? Le tejió puros escarpines celestes... Y yo que ya lo había hecho hincha de Racing.
ELLA: Es una nena. Lo puedo sentir.
EL: Una chancleta...
ELLA: ¿No la querés?

EL: ¿Qué decís? ¡Cómo no la voy a querer! *(Pausa.)* Me veo más con un varón, eso es todo. *(Pausa.)* ¿Y cómo le vamos a poner? ¡Casi ni pensamos en nombres de nena!

ELLA: Tenemos tiempo, Jorge. Hay un tiempo para todo. También para hacer las revoluciones.

EL: Las revoluciones hay que empujarlas. No se hacen solas.

CLARA: ¿Por qué tenés que ser vos el que empuje?

JORGE: Porque quiero otro mundo para mi hijo.

CLARA: Hija.

Clara tiene una nueva contracción, más dolorosa.

CLARA: ¡Carajo cómo duele!

JORGE: Voy a llamarla.

CLARA: Esperá. *(Pausa.)* Antes quiero que me prometas que no vas a ir al acto.

JORGE: No puedo prometerte eso. *(Pausa.)* Tengo un compromiso de honor ¿no entendés?

CLARA: ¿Y conmigo y con tu hija qué? ¿No tenés un compromiso?

Nueva contracción muy dolorosa.

CLARA: No doy más.

JORGE: ¿Qué querés que haga? ¿Querés que la llame?

CLARA: Quiero que me prometas que no vas a ir.

JORGE: No, Clara. No te lo prometo.

CLARA: Es lo que te pido.

JORGE: No. *(Pausa.)* Cuando te casaste conmigo vos sabías cómo era.

CLARA: ¿No entendés que tengo miedo?

JORGE: Claro que lo entiendo.

CLARA: Tengo miedo de todo. De morirme durante el parto...

JORGE: ¡No digas eso!

CLARA: Necesito decir lo que me pasa. Y lo que me pasa es eso. Tengo miedo de morirme, tengo miedo de que te metan preso o de que te lastimen o...

JORGE: *(Abrazándola.)* No tengas miedo.

CLARA: Decirlo es fácil.

Nueva contracción muy dolorosa.

CLARA: ¡Llamá a la partera, por favor!

El sale corriendo a llamar a la partera. Mientras tanto ella tiene una nueva contracción. Desde afuera entra, la voz del camioncito altoparlante que vuelve a pasar con los acordes de La Internacional.

LOCUTOR: Camaradas, celebremos todos juntos el Día Internacional de los Trabajadores. Todos juntos, en esta jornada de sol y esperanza.

Ahora, suben nuevamente los acordes de La Internacional. Vuelve a entrar él trayendo una silla de ruedas.

CLARA: ¿Qué es eso?
JORGE: Casi no hay enfermeros. Me dijeron que te llevara yo a la sala de partos. Ahí te van a revisar.

Cuidadosamente, él la ayuda a incorporarse, levantarse de la cama y sentarse en la silla.

CLARA: *(Abrazándose fuertemente a él.)* Estoy muerta de miedo.
JORGE: Todo va a salir bien, vas a ver. Además, pensá que dentro de un ratito lo vamos a ver.
CLARA: Yo la voy a ver. Vos decís que te vas.
JORGE: Pero vuelvo.
CLARA: ¿Qué hora es?
JORGE: Las tres. *(Pausa larga.)* Te dejo en la sala de partos y me voy, Clara.
CLARA: ¿No vas a esperar a que nazca?
JORGE: No. Tengo que ir. Tengo que estar allí.
CLARA: *(En una explosión de furia y de dolor.)* ¡Bueno, andate

nomás! Pero si te vas, no vuelvas ¿me oís? No quiero que vuelvas nunca más. ¡No te necesito! Ni yo ni tu hija te necesitamos.

JORGE: Pero yo sí. Yo las necesito a las dos.

CLARA: Entonces, no te vayas.

JORGE: Voy a ir por vos y por ella. Porque quiero un mundo distinto para mi familia. Y yo voy a pelear por ese mundo...

CLARA: Y te van a romper una pata. Como a mi viejo.

JORGE: Voy a correr el riesgo, Clara. Tengo que correrlo.

CLARA: *(Tocándose la panza.)* ¿Y ella? ¿Qué va a ser de ella? ¿Lo pensaste? ¿Qué va a ser de tu hija?

JORGE: Sí, Clara, lo pensé, lo pensé. *(Pausa.)* Yo no sé escribir versos. Pero me estoy acordando de unos que escribió Tuñón. *(Pausa.)* ¿Querés oírlos?

CLARA: No.

Silencio. El empieza a empujar la silla.

CLARA: Bueno...

JORGE: ¿Bueno?

CLARA: Que me digas los versos.

JORGE: *(Mientras van saliendo.)*
  ¿Qué será de mi niña?
  Verá el mundo que su padre ha soñado
  por el que lucha, por el que se desangra,
  por el que muere cada día un poco.
  Mi corazón al suyo le anuncia amor y gloria:
  su corazón de miel, mi corazón transido.
  Cuando todos nosotros ya nos hayamos ido
  veremos por sus ojos la última victoria.

Salen. Apagón.

EL GANSO DEL DJURGARDEN

EL GANSO DEL DJURGARDEN

A mi amiga Mirta, que burló a la
policía de Pinochet.

*Noche de primavera en Estocolmo. Dos hombres, Washington y
Octavio, están saltando la reja de un jardín público. Washington
es menudo y ágil, Octavio, alto y corpulento. Llevan una linterna
y una bolsa de arpillera.*

WASHINGTON: *(Que ya está del otro lado.)* Tené cuidado. No te
    me vas a venir encima.
OCTAVIO: Dale, no jodas.
WASHINGTON: ¡Cuidado! ¡Mirá dónde ponés...!
OCTAVIO: ¡Ay carajo! ¡Me doblé el pie!
WASHINGTON: ¿Podés apoyar?
OCTAVIO: Me duele.
WASHINGTON: ¡No te habrás esguinzado...!
OCTAVIO: ¡La boca se te haga a un lado!
WASHINGTON: A ver, movelo así...
OCTAVIO: *(Lo intenta y grita.)* ¡Ayyy!
WASHINGTON: ¡Lo que dije! ¡Te esguinzaste, viejo!

Ahora Octavio mueve el pie hacia un lado y el otro sin dificultad.

OCTAVIO: Era una joda...

WASHINGTON: ¡Pero qué pelotudo...!
OCTAVIO: Ya está, ya pasó. Mirá. ¿Ves? Hasta podría patear al
    arco peruano con perdón de...
WASHINGTON: Bueno, ya estamos aquí y ¿ahora?
OCTAVIO: Vamos para allá.
WASHINGTON: ¿Estás seguro...?
OCTAVIO: El lago queda para ese lado...
WASHINGTON: Te pregunto si estás seguro de lo que vas a ha-
    cer.

*Sin responder Octavio se encamina hacia el lago. Washington lo
sigue.*

OCTAVIO: ¡Qué silencio!
WASHINGTON: El silencio de Dios.
OCTAVIO: ¿Qué decís?
WASHINGTON: Bergman. *El silencio.* ¿No viste esa película?
OCTAVIO: ¡Ah! Ese tipo... Tanta pregunta sobre Dios, el amor,
    la vida, la muerte... Si por lo menos pudiera contestarme
    una.
WASHINGTON: ¿Cuál?
OCTAVIO: ¿Cómo carajo yo, un muchacho de la calle Corrien-
    tes, vine a parar aquí?
WASHINGTON: Eso me pregunto yo. ¿Por qué esta noche en vez
    de estar tranquilo en mi casa estoy siguiéndote en esta
    locura?
OCTAVIO: Porque perdiste.
WASHINGTON: Es cierto. Perdí una vez más.
OCTAVIO: ¡Con ese equipazo...!
WASHINGTON: ¿Y sabés qué? ¡Si nos encuentran acá, los dos
    vamos a perder!
OCTAVIO: ¡No me cambiés de tema! ¿Vos lo viste a Kempes?
    ¡Arranca y deja un surco! ¡Pica y desparrama rivales! ¡Por
    algo le dicen el matador!
WASHINGTON: ¿Ah sí? ¿Y a Videla cómo le dicen entonces?.
    (Pausa.) ¡Parece mentira! ¡Con lo que te tocó vivir...! ¡Ese
    partido lo compraron! De otra manera era imposible... ¡El

campeonato lo compraron! ¿No te das cuenta?

OCTAVIO: Shhhh. ¡No hablés tan fuerte que vas a avivar a los giles! ¡Lo que pasa es que vos sangrás por la herida! ¡Porque ahora nosotros también somos campeones del mundo! ¡Nada de subcampeones como en el 30! ¿Y el fútbol uruguayo? ¿Dónde quedó, eh?

WASHINGTON: ¡Pero cómo podés ser tan ciego...!

OCTAVIO: *(Señalando hacia donde se supone que está el lago.)* Ciego sos vos que no ves lo que está delante de tus ojos: ¡ahí tenés el lago! Y además, te dije que no hables tan fuerte que los vas a despertar.

WASHINGTON: ¡Que se despierten! Así no me siento como los verdugos que caen de noche como la peor de las pesadillas.

OCTAVIO: ¿Ah sí? ¡Que se despierten y empiecen a chillar!

WASHINGTON: ¡A graznar! ¡Lo que hacen es graznar!

OCTAVIO: Se llame como se llame... *(Pausa.)* Ahí los tenés, miralos, duermen como angelitos. Esperá aquí y haceme de campana. Allá voy: palo y a la bolsa...

Octavio sale de escena. Washington se queda solo.

WASHINGTON: No lo puedo creer, ¡no lo puedo creer ! ¡Cómo vine a meterme en esto! ¿Me querés decir quién me mandó?

De afuera llega un griterío y batir de alas de los gansos que corren de un lado para otro.

WASHINGTON: ¡Mierda, qué barullo!

La luz de una linterna lo ilumina. La sostiene Marco Antonio que tiene la apostura de un vikingo. Durante algunos segundos, los dos hombres se miran en silencio.

WASHINGTON: Jag är ledsen. Jag är instängd. (Lo siento, lo siento, me quedé encerrado.)

Silencio.

MARCO ANTONIO: *(Con tonada chilena.)* ¿Hursa instänngd?
   (¿Cómo encerrado?)
WASHINGTON: *(Tratando de identificar la tonada.)* De laste
   tradgärden och innan jag hann komma pa det... (Cerraron
   el jardín y antes de que pudiera darme cuenta...)
MARCO ANTONIO: Jag vill veta vad du gör y det här stället.
   (Quiero saber qué estás haciendo en este lugar.)
WASHINGTON: ¿De dónde sos? Vos no sos de acá.

En ese momento entra corriendo Octavio.

OCTAVIO: ¡Lo tengo, lo tengo! ¡Rajemos!

Queda congelado al toparse con Marco Antonio.

MARCO ANTONIO: ¿Vad är det? ¿Väd är det som händer här?
   (¿Qué es esto? ¿Qué está pasando?.)
OCTAVIO: *(A Washington.)* ¿Qué dice?
MARCO ANTONIO: ¿Vad har han inne i pasen? (¿Qué trae aden-
   tro de la bolsa?)
OCTAVIO: ¿Qué carajo está diciendo?
WASHINGTON: Quiere saber qué tenés adentro de la bolsa.
OCTAVIO: *(A Marco Antonio.)* Nada.

*Marco Antonio se lleva a los labios el silbato que cuelga de su
cuello.*

WASHINGTON: ¡Nämen, vänta, bror; vänta ropa inte! (¡No, esperá
   hermano, esperá, no toques!)
MARCO ANTONIO:Vada bror. Inte bror. Jag vill klla vad sm finns
   ine i pasen. (Hermano no. Nada de hermano. Quiero ver
   qué hay ahí dentro.) *(Extendiendo la mano hacia la bolsa
   que sostiene Octavio.)* ¡Hit med den! (¡Dame acá!)

Forcejean. Octavio suelta la bolsa. Marco Antonio, que se queda con ella, la abre.

MARCO ANTONIO: ¡Herregud! ¿Nämen... varför har ni gjort det här? (¡Dios...! ¡Pero...! ¿Por qué hicieron esto?)

Silencio.

MARCO ANTONIO: Jag ska överlämna er till polisen. (Los voy a entregar a la policía.)
WASHINGTON: ¡Nej, inte till polisen! (No, a la policía, no!)
OCTAVIO: ¿Polisen, polisen? ¿Qué está diciendo?
WASHINGTON: Que nos va a dejar ir.
MARCO ANTONIO: ¡A la policía!
OCTAVIO: ¡A la policía no!
WASHINGTON: ¡Chileno! ¡Ya me parecía que eras chileno!
OCTAVIO: ¡No! ¡A la policía no!
MARCO ANTONIO: ¿Kän ni förklara varför ni har mördat...? (¿Me quieren decir por qué asesinaron...?)
WASHINGTON: ¿Me querés decir por qué no hablás en castellano?
MARCO ANTONIO: De är räknade. De där gässe är räknade och jag ansvarar för dem. (Están contados. Esos gansos están contados y yo soy responsable por ellos.)
WASHINGTON: Un refugiado como nosotros. ¡Dejános ir!
MARCO ANTONIO: ¿Att jag sa lata er ga? ¿Varför skulle jag göra det? (¿Que los deje ir? ¿Y por qué tendría que hacer eso yo?)
WASHINGTON: ¿Sos chileno, no?
MARCO ANTONIO: ¿Och vad är det med det da? (¿Y con eso qué?)
WASHINGTON:¿Sos refugiado, no? Como nosotros.
MARCO ANTONIO: Nej. Jag ser till djuren sm ni dödar. (No. Yo cuido a los animales que ustedes matan.)
OCTAVIO: A la cárcel no voy. *(Sale corriendo mientras grita.)* ¡Antes me ahogo en el lago!
WASHINGTON: *(Corriendo detrás de Octavio.)* ¡No sabe nadar!

Marco Antonio corre a su vez atrás de Washington. Se oyen gritos de: "¡Pará no hagas eso!" y corridas. Luego de un tiempo, Washington y Marco Antonio regresan trayendo a Octavio, lo sujetan uno de cada brazo.

OCTAVIO: ¡A la cárcel, no! ¡A la cárcel, no!

WASHINGTON: Tranquilizate. Nadie te va a lastimar. *(Pausa. A Marco Antonio.)* Los hijos de su madre lo confundieron con otro y se lo llevaron: diez días sin parar le dieron máquina... ¿Te podés imaginar?

Silencio.

MARCO ANTONIO: Kan ni förklara för mig varf'r y har gjrt det här? (Me quieren explicar por qué hicieron esto.)
WASHINGTON:Hicieron no. Yo...
MARCO ANTONIO: ¿Är du här med hnom eller inte? (¿Estás aquí con él o no?)

Silencio.

WASHINGTON: Perdí una apuesta.
MARCO ANTONIO: ¿Vad är det du säger? (¿Qué me estás contando?)
WASHINGTON: La verdad. Aposté a que Argentina caía frente a Perú. ¿Cómo se me iba a ocurrir que meterían los seis goles que necesitaban?
MARCO ANTONIO: *(Agitando la bolsa donde está el ganso muerto.)* ¿Och vad har det här du berättar med det att göra? (¿Y qué diablos tiene que ver lo que me estás contando con esto?)
WASHINGTON: ¡Lo compraron! ¡El partido, el campeonato! Para tapar los gritos de los torturados...
MARCO ANTONIO: Jag har ställt en fraga. (Hice una pregunta.)
WASHINGTON: ¡Ah sí! *(Pausa.)* La apuesta era que si yo perdía, tenía que acompañarlo en una "aventura"...
MARCO ANTONIO: *(Agitando la bolsa.)* ¿Kallar ni det här ett

 äventyr? (¿A esto le llaman aventura?)

Silencio.

WASHINGTON: Este estaba tan desesperado que tuve miedo de que hiciera una locura peor.

OCTAVIO: A la cárcel no, a la cárcel no.

WASHINGTON: Fue una idiotez pero...

MARCO ANTONIO: *(Encarando directamente a Octavio.)* Dame una buena razón para que no te entregue a la policía. *(Pausa.)* ¿Por qué lo hiciste?

Silencio.

OCTAVIO: Tenía rabia. Una rabia que me ahogaba por dentro.

Silencio.

MARCO ANTONIO: ¿Rabia? ¿Contra un inocente?

OCTAVIO: No sé, no sé bien... Yo... Cuando llegué hace un par de meses atrás, hecho mierda, en el único lugar donde me sentía un poco mejor era aquí, en este jardín. Me sentaba en un banco y me quedaba horas mirando cómo la luz se filtraba por la copa de estos árboles. La luz tiene tantos matices, nunca antes me había dado cuenta de eso...

Silencio.

MARCO ANTONIO: ¿Y?

OCTAVIO: Me hacía bien. Estar aquí me calmaba... Era como una caricia en el pecho. Me hacía olvidar de que estaba tan lejos de mi casa, de que llegaría el domingo, como un inmenso agujero negro, sin familia, sin amigos, sin fútbol, sin nada... Ni tan siquiera un choripán...

MARCO ANTONIO: ¿Y el pobre ganso?

OCTAVIO: ¡Soy yo! ¿No te das cuenta? ¡Yo soy el pobre ganso! Perdido en el culo del mundo sin saber por qué ni cómo.

MARCO ANTONIO: ¿Por hambre? ¿Por eso lo mataste?
OCTAVIO: No.
MARCO ANTONIO: ¿No pasan hambre, verdad?
WASHINGTON: No.
MARCO ANTONIO: ¿Tienen trabajo?
WASHINGTON: Sí.
MARCO ANTONIO: ¿Seguro de salud?

Silencio.

MARCO ANTONIO: Este país les dio todo eso y ustedes...
OCTAVIO: ¿Por qué carajo hablás todo el tiempo como un sueco
si sos más chileno que la cueca?

Silencio.

WASHINGTON: Fue una estupidez hermano, te lo dije.
MARCO ANTONIO: Una crueldad estúpida.

Silencio.

OCTAVIO: Los veía pasar balancéadose, tan gordos, tan cuida-
dos, chillando su satisfacción... Y me subía una rabia...
(Pausa.) Empecé a sentir que si le retorcía el pescuezo a
uno y me lo comía, algo iba a cambiar...
MARCO ANTONIO: ¡Salvaje!
OCTAVIO: Yo no me quiero morir aquí...
WASHINGTON: ¿Quién habla de morirse? ¿Por qué no te dejás
de joder con esa historia?
OCTAVIO: Vivir lejos de todo lo que quiero no es vivir.
WASHINGTON: Pensá que en algún momento, no muy lejano,
vas a volver.
MARCO ANTONIO: ¿Adónde? No hay adónde.
WASHINGTON: En sueños, lo hago muchas noches... Camino
por la 18 y me encuentro con los compañeros que sonríen
y me abrazan diciéndome que todo terminó...
MARCO ANTONIO: Cuando me fui, juré no volver a mirar atrás,

borrar para siempre la memoria de ese lugar.
WASHINGTON: ¿Ese lugar? ¿Así llamás a la tierra donde naciste, donde viviste tu infancia, donde están enterrados tus muertos...?
MARCO ANTONIO: Aquí están mi presente y mi futuro. En este país que me recibió generosamente, que me dio todo: la oportunidad de una vida nueva...
WASHINGTON: ¿No dejaste familia, amigos allá...?
MARCO ANTONIO: Aquí me casé. Mi mujer es sueca. Es de este país donde las leyes se cumplen y se respetan...
WASHINGTON: ¿Y allí? ¿No hubo amores? ¿Otra mujer?
MARCO ANTONIO: Ninguna mujer, ninguna...
WASHINGTON: ¿Ninguna?

De pronto, Marco Antonio se quiebra.

MARCO ANTONIO: Fue mi culpa, fue mi culpa...

Silencio.

MARCO ANTONIO: Me fueron a buscar y se la llevaron a ella. *(Pausa.)* ¡Daría cualquier cosa, cualquier cosa por haber sido yo el que...!

Silencio.

WASHINGTON: Lo siento.
MARCO ANTONIO: No me lo puedo sacar de la cabeza. Mientras viva me voy a sentir responsable.
OCTAVIO: Mientras me daban y me daban con la máquina yo gritaba que no era yo, no era yo el tipo que...
MARCO ANTONIO: Una rata en la vagina. ¡Esos monstruos, bestias...!

Washington va hacia Marco Antonio y lo abraza.

WASHINGTON: Ya pasó, hermano, ya pasó.

MARCO ANTONIO: Nunca va a pasar. En mi cabeza sucede todo el tiempo. *(Pausa.)* Yo que curé a tantos heridos, por ella no pude hacer nada...

WASHINGTON: Alguna vez...

MARCO ANTONIO: *(Deshaciéndose suavemente del abrazo.)* Soy de acá. Ahora soy de acá para siempre.

WASHINGTON: Algún día vas a volver...

MARCO ANTONIO: Nunca voy a volver. Jamás. Yo soy de acá, de acá ¿me entienden?

WASHINGTON: Nunca vas a ser enteramente de acá. Es imposible sepultar la propia historia.

Marco Antonio se lleva el silbato a los labios.

WASHINGTON: ¡No, no lo hagas! ¡No nos mandes al descenso!

MARCO ANTONIO: ¡Corran si no quieren ir a la cárcel...! ¡Corran ahora!

WASHINGTON: ¡Esperá...!

Marco Antonio pita, se oye el silbido prolongado.

OCTAVIO: *(A Washington.)* ¡Vamos!¡Movete que van a venir! ¡Y a mí no me agarran vivo!

WASHINGTON: *(Mientras Octavio lo toma del brazo y se lo lleva a la rastra.)* ¿Por qué lo hiciste, hermano?

MARCO ANTONIO: Te lo dije. No soy hermano de nadie. Yo soy de acá. ¿Me entienden? *(Gritando.)* ¡Jag är härifran! För alltid! ¡Jag är härifran! (¡Yo soy de acá! ¡Para siempre! ¡Yo soy de acá!)

Se lleva el silbato a los labios y vuelve a pitar con todas sus fuerzas mientras Octavio y Washington desaparecen corriendo. Apagón.

Traducción al sueco: Débora Rottenberg

EL REINO DE LAS IMÁGENES NÍTIDAS

EL REINO DE LAS IMÁGENES NÍTIDAS

Personajes:
Lang, 42 años
Thea, 44 años
Guarda, 23 años
P.K., 40 años
Goebbels, 32 años

Una pantalla de cine como fondo. En la misma se proyecta la imagen de un tren de la década del treinta, en marcha.
La acción transcurre en marzo de 1933.
En un suntuoso coche cama de la época, Lang, un hombre de unos 40 años, alto, corpulento, que oculta detrás de un monóculo su condición de tuerto, vestido con traje a rayas y moño, desprende cuidadosamente parte del caño del lavatorio y esconde allí unas joyas. Luego, con una navaja, corta un rectángulo de alfombra y, debajo, oculta dinero. En el momento en que intenta colocar el trozo que cortó, entra sorpresivamente un guarda con aspecto de miembro de la Juventud Hitleriana: alto, rubio, atlético, un verdadero modelo ario. Rápidamente, Lang se reincorpora y cubre con el pie el corte en la alfombra.

GUARDA: ¿Se le perdió algo?
LANG: El monóculo... pero ya lo encontré.
GUARDA: El billete, por favor.

Lang se lo tiende.

GUARDA: ¿No quiere tomar asiento? Va a estar más cómodo.
LANG: *(Sin quitar el pie del lugar donde cortó la alfombra.)* Estoy
   bien así. Necesito estirar un poco las piernas.
GUARDA: Ya veo. *(Leyendo en el billete.)* Mabuse... ¿Viaja a Pa-
   rís, señor Mabuse?
LANG: Así es. ¿Sucede algo?
GUARDA: No, nada, nada, sólo que su cara me resulta conoci-
   da. ¿Puedo preguntarle a qué se dedica?
LANG: ¿Debo considerar esto como un interrogatorio?
GUARDA: No, claro que no. Simple curiosidad.
LANG: Soy marchand...
GUARDA: Marchand... Probablemente lo confunda con otra
   persona.

Silencio.
*El Guardia repara ahora en un bolso que Lang ha dejado apoya-
do en el piso.*

GUARDA: *(Haciendo el gesto de tomar el bolso.)* ¿Le ayudo con
   esto?
LANG: *(Casi gritando.)* ¡No! *(Pausa.)* Disculpe, es que llevo algo
   muy frágil.
GUARDA: No hay problema. Que tenga buen viaje, señor.
LANG: Gracias.

*Sale el Guardia. Lang, aliviado, coloca bien el pedazo de alfom-
bra que había cortado. Luego, acomoda el bolso en el
portaequipaje. Toma asiento. La escena se oscurece mientras se
sigue oyendo el sonido del tren en marcha. Cuando la luz vuelve,
Lang viste una bata de seda y fuma un cigarro.*
*Llega Thea. Viene envuelta en un vaho de alcohol y del perfume
de un encuentro amoroso. Es una mujer un poco mayor que Lang,
una belleza germánica de los años 30, usa el pelo muy corto,
trae un elegante vestido de noche. Lleva como complemento, un
collar de perlas, un brazalete y vistosos aros.*

THEA: ¿Todavía levantado?
LANG: Podría perfectamente preguntar lo mismo...
THEA: No quiero pensar que me esperabas...
LANG: Necesito que hablemos.
THEA: Entre nosotros ya está todo dicho, Lang.
LANG: Prohibieron *Mabuse*.

Silencio.

LANG: ¿Lo sabías?
THEA: Lo siento.
LANG: No respondiste a mi pregunta. Y tampoco es necesario. Estoy seguro de que sí lo sabías. Fue por eso que trataste de convencerme de que cambiara el final ¿no es verdad?
THEA: Intentaba salvar algo.
LANG: ¿Salvar qué?
THEA: Tal vez cambiando el final....
LANG: ¿Quién te mandó? ¿ Haunuberger?
THEA: No, claro que no.
LANG: Debe estar llorando por la plata que invirtió y ahora va a perder.
THEA: Estás equivocado.
LANG: ¿Sí?

Silencio.

THEA: ¿Te acordás que me hablaste de una presencia misteriosa en la cabina de proyección?

Silencio.

THEA: Era Goebbels.
LANG: ¿Goebbels? ¿Cómo lo sabés?
THEA: Lo sé. Eso es lo que importa. *(Pausa.)* Haunuberger lo invitó.
LANG: ¡No tiene sentido!
THEA: Haunuberger está convencido de que puede perder mu-

cho más que dinero si la película desagrada al Ministro.
Prefiere dejarla de lado, aunque eso signifique perjudicar-
se en lo inmediato... Los negocios y el resarcimiento,
vendrán después... *(Pausa.)* Fue por eso que intenté con-
vencerte de que cambiaras el final...

LANG: ¿Y qué es lo que hay que cambiar?

THEA: Que el criminal Mabuse se vuelva loco no es pena suficiente. Goebbels pide que sea el pueblo quien lo castigue.

LANG: ¿El pueblo? ¿Qué es lo que sugiere? Un linchamiento de
la turba desatada...

THEA: ¿Por qué no?

LANG: ¡Dios mío, Thea! ¿Con quién estoy hablando? Te desconozco. ¿Ya olvidaste las palabras que alguna vez escribiste
para M.?

THEA: *¿Pero puedo soportarlo? ¿No tendré esta maldición adentro mío? ¿El fuego? ¿La voz? ¿El dolor? Otra vez, otra vez y
otra vez tengo que caminar las calles. Y siempre siento que
alguien me está siguiendo... Soy yo mismo siguiéndome...*
(Pausa.) Ya ves que no las olvidé.

Silencio.

LANG: A M. no lo dejaste en manos de quienes querían lincharlo.
Lo entregaste a la justicia. ¿Entonces? *(Pausa.)* ¿Creés que
si cambiara el final permitirían la exhibición de *Mabuse*?
¿No te das cuenta de que lo que realmente los irrita es que
haya puesto sus consignas de payasos en boca de un criminal?

THEA: No son payasos, Lang. También en eso te equivocás.

LANG: ¿En qué más me equivoco, Thea?

THEA: Alemania herida.

LANG: ¿Qué decís?

THEA: Es el título de la película que va a reemplazar a *Mabuse*
en la programación.

LANG: Vulgar propaganda nazi.

THEA: Un film sobre la Alemania que empieza a ponerse de pie.
(Pausa.) Estoy muy cansada. Me voy a dormir.

LANG: *(La toma por el brazo.)* No quiero que lo veas más.

THEA: *(Deshaciéndose de él.)* A mí nadie me dice lo que tengo o no tengo que hacer. Mi vida y mi cuerpo son míos.

LANG: ¿Es joven, no?

Silencio.

THEA: Y hermoso.

LANG: Uno de esos cuerpos que soñaste para *Metrópolis.*

THEA: Que soñamos.

Lang la toma violentamente del brazo.

THEA: Te recuerdo el peligro de que las emociones tomen el control... No querrás que la policía vuelva a interrogarte.

Lang la suelta con la misma violencia con que la sujetó.
Silencio.

THEA: Quiero el divorcio, Lang. Mañana mismo me voy de aquí. *(Pausa.)* Me parece importante que sepas que Haunuberger planea destruir el negativo de *Mabuse.*

LANG: ¡No se lo voy a permitir!

THEA: ¿Y qué vas a hacer para impedirlo?

LANG: No es asunto tuyo.

THEA: No volveremos a trabajar juntos, Lang. Estoy harta de que me atribuyan la falsedad de los sentimientos ampulosos y, en cambio, te corresponda el elogio de esas estructuras que todos admiran por racionales. *(Pausa.)* Firmé contrato con Correll para escribir sola el guión de una película ambientada en Arabia.

LANG: Es mejor que te vayas a dormir...

THEA: Hasta mañana, Lang. Que descanses.

Sale Thea.

LANG: ¡Ese hijo de perra...!

Se oye un silbato de tren y un anuncio hecho en off.

VOZ EN OFF: ¡Leipzig!

En la pantalla, el tren se detiene en una estación.

Oscuro.

Ahora, desde la litera, se descuelga un hombre vestido con traje y chaleco. Usa el pelo con raya al costado y lleva unos bigotes muy finos.

LANG: ¿Nos habíamos conocido antes?
P.K.: No lo creo.
LANG: Y sin embargo, su cara me resulta conocida...
P.K.: Haga memoria. Trate de recordar dónde me vio...
LANG: Entonces ¿lo vi en algún lado?
P.K.: No a mí exactamente...

Silencio.

LANG: Usted parece saber a quién.
P.K.: Puedo imaginarlo. *(Pausa.)* Peter Kütner ¿le dice algo?
LANG: ¿Peter Kütner? *(Pausa.)* ¿El vampiro de Düsseldorf?
P.K.: El asesino de niñas... Dicen los que lo conocieron que soy el doble de ese hombre.

Silencio.

LANG: Peter Kütner... Fue uno de los que entrevisté cuando iba a filmar "M. el vampiro". *(Pausa.)* Trataba de acercarme imaginativamente a los asesinos seriales para poder mostrarlos como seres poseídos por cierto demonio que los conducía más allá del límite del comportamiento humano... Me interesaba mostrar que aun el hecho de cometer los crímenes no los ponía a salvo de su conflicto... Y eso no significaba una tragedia menor...
P.K.: *¿Qué me importa mi sombra? Huyo y escapo de ella. Pero*

cuando he mirado en el espejo, he dado un grito y mi cora-
zón se ha alterado pues no soy yo el que he visto en el
espejo sino el rostro gesticulante del demonio...

LANG: Nietzsche.

P.K.: La idea de que el verdadero peligro está en uno mismo...
(Pausa.) Yo sé todo sobre Peter Kütner. *(Pausa.)* Antes de
que le cortaran la cabeza, le preguntó al verdugo si alcan-
zaría a oír el sonido de su propia sangre derramándose.
Nada podría ofrecerle más placer, dijo. *(Pausa.)* ¿Sabe? El
y yo tenemos hasta las mismas iniciales... El destino arma
unas tramas tan raras... ¿no cree? *(Pausa.)* La primera vez
que él mató, sólo había entrado a robar. La nenita de unos
diez años dormía plácidamente. De un solo tajo, le corté el
cuello...

LANG: ¿Le corté?

P.K.: ¿ Le corté, dije? *(Pausa.)* De un solo tajo le cortó el cuello y
dejó en el lugar del homicidio un pañuelo con las iniciales:
P.K.. ¿Quiere creer que el azar vino en su ayuda? El tío de
la criatura también tenía las mismas iniciales y el día an-
terior había amenazado al padre de la niña, su hermano,
con una venganza cruel porque el hombre se había negado
a prestarle el dinero que necesitaba. "Voy a hacerte algo
que no olvidarás en tu vida", le dijo. Y luego, aquel pañuelo, junto al cuerpo pálido, desangrado, rígido... ¿Puede
imaginarlo?

Silencio.

LANG: Todavía no me dijo si podrá entrar en esa oficina sin que
nadie lo note y llevarse de allí el negativo de la película...

P.K.: Claro que puedo. Lo haré durante la noche. Sólo hay un
par de guardias en el edificio y sé muy bien cómo evitarlos.

LANG: Deberá ser hoy mismo. Temo que si nos demoramos,
destruyan el negativo. *(Pausa.)* ¿Irá armado?

P.K.: Si uno tiene un arma, corre el riesgo de usarla.

LANG: Estoy de acuerdo. Si lo detuvieran...

P.K.: No se preocupe. No ocurrirá. *(Pausa.)* ¿Le puedo preguntar algo?

LANG: Adelante.

P.K.: ¿Conoce la historia de la recompensa?

LANG: ¿Se refiere a...?

P.K.: Peter Kütner.

LANG: ¿Habla de la confesión...?

P.K.: De eso hablo. *(Pausa.)* Jamás habrían encontrado al asesino de niñas si él no hubiera confesado la verdad a su mujer... *(Pausa.)* ¿Recuerda lo que sucedió?

LANG: No exactamente.

P.K.: El azar, nuevamente, el azar... *(Pausa.)* La muchacha –Marta Budlick se llamaba– estaba allí en medio del parque. Discutía con un desconocido que se empeñaba en mostrarle el camino a un alojamiento de señoritas. Ella, en principio, había aceptado la ayuda de aquel hombre pero al atravesar el parque solitario, recordó los casos de ataques a mujeres y decidió no continuar por donde le indicaban. Cuando Peter Kütner se acercó y preguntó qué sucedía, el otro se asustó y escapó. La muchacha entonces se sintió protegida por el recién llegado... ¡Qué ironía! Confiar al lobo la suerte de las ovejas...

LANG: Ya recuerdo. Fue esa muchacha la que, luego, permitió llegar hasta el vampiro...

P.K.: Es verdad. Pero insisto: no lo habrían descubierto, si él no le hubiera confesado la verdad a la esposa... A mí, es ella la que me obsesiona...

LANG: ¿Por qué? No había matado a nadie.

P.K.: No, claro. Pero ¿es posible que no supiera nada de lo que el marido hacía? *(Pausa.)* Un rastro de sangre en la ropa, una marca producida por la desesperación de alguna de las víctimas que se defendió con todas sus fuerzas... Ella ¿no lo miraba a los ojos? ¿Jamás lo miraba a los ojos? Todo el tiempo me dan vuelta en la cabeza las mismas preguntas. Porque no cabe ninguna duda de que Peter Kütner era culpable. Pero ella, ¿era inocente? *(Pausa.)* ¿No cree que en estas épocas oscuras en que vivimos es muy difícil conocer cuáles son los límites de la inocencia? ¿No seremos todos culpables? *(Pausa.)*

Silencio.

LANG: Tiene que ser esta misma noche.

P.K.: Así se hará. *(Pausa.)* Debería haber incluido en "M" la escena de la confesión...

LANG: ¿Por qué? No quise hacer una película sobre Peter Kütner.

P.K.: Lo sé. Quiso hablar sobre la locura colectiva, sobre la incapacidad de la policía para mantener la seguridad de los ciudadanos, sobre la ambigüedad de la autodefensa urbana al margen de la ley... Leí sus declaraciones en algún reportaje... Pero hay otra ambigüedad, la ambigüedad moral...

LANG: Me parece que esos son sus temas.

P.K.: ¿No son los suyos también? *(Pausa.)* Nos vemos señor Lang.

Se oye el silbido del tren. Y un anuncio en off.

VOZ EN OFF: ¡Frankfurt!

En la pantalla, el tren se detiene en una estación.
Oscuro.

Cuando vuelve la luz, Thea y el Guarda ocupan la litera.
Semidesnudos ambos, se entregan a un juego amoroso. Desde
abajo, Lang sigue la escena.

THEA: **La época actual está creando un modelo de nuevo cuño. Hombres y mujeres serán más sanos y fuertes, habrá sentimientos vitales distintos y una manera diferente de gozar de la vida...**

El Guarda, se descuelga ahora de la litera.

LANG: ¡Usted!

GUARDA: Perdón ¿acaso nos hemos visto antes?

LANG: Sí, no, no, claro que no...
GUARDA: Lamento tener que molestarlo en un horario tan inoportuno, señor Lang
LANG: ¿Le sucedió algo a Thea?
GUARDA: ¿Cómo dice?
LANG: Pregunto a qué debo el honor...
GUARDA: Me temo que... *(Pausa.)* Se ha cometido un crimen.
LANG: ¿Un crimen? No entiendo...
GUARDA: Alguien se introdujo en las oficinas de la productora del señor Haunuberger seguramente con propósito de robo...
LANG: ¿Y... han robado?
GUARDA: Dinero.
LANG: ¿Dinero?
GUARDA: Una suma importante.
LANG: ¿Sólo dinero?
GUARDA: ¿Y qué otra cosa...? El hecho es que han cometido un crimen.
LANG: ¿Y quién ha sido la víctima...?
GUARDA: Uno de los serenos. *(Pausa.)* Lo desangraron... Si no estuviera muerto, uno pensaría en la manera de accionar del vampiro de Düsseldorf. ¿Lo recuerda?

Silencio.

LANG: No sé por qué...
GUARDA: ¿Vengo a verlo? Estamos visitando a toda la gente cercana a Haunuberger. Quien entró a robar conocía bien el movimiento de la oficina.
LANG: Había allí una película, el negativo de una película que...
GUARDA: Nada de eso falta, señor Lang. *(Pausa.)* En cuanto al hombre asesinado, no da la sensación de que se haya resistido... ni siquiera estaba armado...
LANG: No sé qué decir...
GUARDA: Esté preparado por si lo citan a declarar. Tengo entendido que hace algún tiempo atrás fue investigado por un crimen...

LANG: Ningún crimen. Quedó demostrado que mi mujer se suicidó. Y por mi parte, puedo probar minuto a minuto lo que hice en estos días. Desde que fui injustamente sospechado llevo un diario minucioso de todas mis actividades. Ya aprendí que el más inocente de los olvidos puede transformarse en falsa evidencia.

GUARDA: *(Saca un diario que llevaba guardado en un bolsillo y lee.)* "Gradualmente, y en épocas que despiertan mi repugnancia, llegué a la conclusión de que cada mente humana abriga, latente, la compulsión de matar..." ¿Sabe quién dijo esto?

LANG: ¿Quién?.

GUARDA: Usted.

LANG: No recuerdo.

GUARDA: ¿Por qué no se fija en el diario minucioso que lleva? Seguramente, debe haber quedado registrado. *(Pausa.)* Un hombre que piensa así, es un culpable en potencia, señor Lang.

Silencio.

LANG: Lo acompaño.

GUARDA: No es necesario. Puedo encontrar la salida yo solo. Cuídese, señor.

Cuando el Guarda está saliendo, se cruza con Thea que llega, vestida de noche. Ambos intercambian una sonrisa de complicidad.

LANG: ¿Es tu amante, no?

THEA: Vengo a buscar mis cosas, me marcho.

LANG: ¿Sabés algo de lo que ocurrió en la oficina de Haunuberger?

THEA: ¿Te referís al destino del negativo? Sé que él lo entregó al doctor Goebbels. Seguramente el Ministro lo mandará a quemar junto con los libros y las obras de arte degenerado que detesta.

LANG: ¿Lo entregó a Goebbels?

THEA: Te advertí que quería destruirlo.

LANG: Pareciera no importarte. Y sin embargo, esa película es nuestra. La hicimos entre los dos. *(Pausa.)* Thea, quiero que volvamos a empezar.

THEA: Sabés bien que eso no es posible. *(Pausa.)* Pusiste en riesgo mi carrera, Lang. Subestimaste el poder del nacional socialismo, sus ideas...

LANG: ¿Ideas? ¿Llamás ideas a esas consignas vulgares y ramplonas?

THEA: Estás ciego. No podés ver que ha comenzado un nuevo Renacimiento y que en él los verdaderos artistas viviremos una época grande y dichosa.

LANG: ¿Quiénes son los verdaderos artistas, Thea? ¿De qué estás hablando?

THEA: **¡Nos ampara el mecenas más grande y comprensivo! ¡El líder nos ama porque él es uno de nosotros!**

LANG: Estás poseída, Thea.

THEA: El espíritu del criminal Mabuse se ha apoderado también de mí.

LANG: Es la fantasmagoría nazi la que veo flotar sobre tu cabeza.

THEA: Ha llegado el momento de que nuestra patria deje de ser humillada y construya su propia grandeza. Y yo quiero ser parte de ella. Creo en las palabras del Ministro. Creo que el film alemán tiene la misión de conquistar el mundo, de convertirse en la vanguardia de nuestras tropas.

LANG: ¿No te das cuenta de que son una banda organizada de criminales?

THEA: Creo que convertirán en realidad lo que soñamos en *Metrópolis*: que el corazón sea el mediador entre el cerebro que piensa y gobierna y las manos que trabajan.

LANG: ¡Qué idea más idiota! ¡Reniego de ella! Fui un estúpido al hacerte concesiones.

THEA: Ninguna concesión. Pensabas lo mismo que yo. *(Pausa.)* **"Quien quiera ganarse a la masa tiene que conocer la llave que abra la puerta de su corazón"**, dice el Führer.

LANG: Te desconozco Thea. Si es que realmente alguna vez te
conocí.

THEA: Yo soy la que te desconoce. ¿Acaso *Metrópolis* no es una
obra de los dos?

*Los interrumpe P.K. que aparece intempestivamente con la ropa
manchada de sangre.*

THEA: ¿Qué es esto? ¿Quién es usted?

LANG: ¿Qué sucede?

P.K.: *(Mientras se apodera del bolso depositado en el
portaequipaje.)* Querido señor Lang, como le dije, tengo en
mi poder el negativo de la película.

THEA: ¿De qué habla?

P.K.: De *El testamento del doctor Mabuse.*

THEA: Eso no puede ser cierto..

P.K.: Claro que sí.

LANG: Su ropa está manchada.

P.K.: Tuve un inconveniente.

LANG: Entonces, usted...

THEA: Me marcho.

P.K.: *(La toma y le pone un cuchillo en la garganta.)* No se va a
ningún lado...

Thea grita.

LANG: *(Avanzando hacia P.K.)* ¡Suéltela ya mismo!

P.K.: Si da un solo paso más, le corto el cuello...

LANG: ¡Déjela tranquila! ¿Qué quiere de ella?

P.K.: No sólo de ella. De los dos.

LANG: ¿Qué?

P.K.: Señor Lang: no le voy a entregar el negativo hasta que
ustedes dos no representen la escena para mí.

LANG: ¿La escena? ¿Qué escena?

P.K.: La que no incluyó en *M. el vampiro.*

LANG: No sé de qué me está hablando.

P.K.: Hablo de la escena de la confesión.

Silencio.

LANG: ¿Cómo sé que realmente tiene el negativo?

P.K.: Si en algo aprecia a su mujer tendrá que confiar en mi palabra.

Silencio.

LANG: Dígame qué tenemos que hacer pero antes baje el cuchillo.

P.K. obedece. Luego, saca del bolso una blusa y una falda negras, de una tela ordinaria. Son prendas que usaría una mujer de inferior condición social a la de Thea.

P.K.: Póngase esto.

THEA: ¿Para qué?

P.K.: Ahora es la señora Kütner.

THEA: ¿La señora Kütner?

P.K.: La "sufrida" mujer de Peter Kütner. *(Dirigiéndose a Lang le entrega un sombrero.)* Y usted es el vampiro de Düsseldorf. Los dos conocen la escena de la confesión. Quiero que la hagan para mí.

LANG: Antes dígame si usted es culpable del crimen del sereno.

P.K.: Yo no maté a ese hombre.

THEA: Está mintiendo. No puede tener el negativo de la película y seguramente sí cometió el crimen.

LANG: *(A Thea.)* Por una vez, te ruego que te calles la boca y hagas lo que te piden.

THEA: *(Mientras se pone la ropa de la señora Kütner.)* ¿Qué es lo que tengo que hacer?

LANG: ¿Recordás la historia del vampiro de Düsseldorf? Hablo de la verdadera historia.

THEA: Sí.

LANG: Se trata del momento en que le confiesa a la mujer que es él el asesino de niñas que todos buscan.

P.K.: La situación es la siguiente: él acaba de ser identificado como violador de la mujer llamada Marta Budlick. Van a venir a buscarlo, no tiene escapatoria. En esas circunstancias, le confiesa a la esposa toda la verdad. Por qué lo hace, cómo lo hace, eso es lo que quiero que me muestren... *(Pausa.)* Siendo dos guionistas tan experimentados, imagino que no necesitarán que yo les dé letra.

Silencio.

P.K.: Pueden empezar.

Silencio. Lang y Thea preparan los personajes.

LANG: Me acusarán de violación aunque haya sido sexo consentido. Con mis antecedentes pasaré por lo menos diez años en la cárcel. Es posible que no volvamos a vivir juntos.

Thea se echa a llorar desesperadamente.

LANG: ¡No llores, no llores, por favor! No puedo verte sufrir. *(Pausa.)* Nunca pensé que esa mujer...
P.K.: Marta Budlick se llamaba...
LANG: Que ella regresaría tan fácilmente trayendo a la policía...
P.K.: *(A Thea.)* ¡No deje de llorar! ¡Más, todavía más!
THEA: *(Siempre llorando.)* ¿Qué va a ser de mí? No hay trabajo para nadie. ¿Cómo voy a conseguirlo yo? A esta edad, sola, sin dinero, repudiada como la mujer de un criminal...
LANG: Logré escapar cuando llegó la policía, pero la casera tenía mis datos...

Thea intensifica el llanto.

LANG: Tené piedad.
THEA: ¿Y quién tendrá piedad de mí? ¿Quién? *(Pausa.)* Voy a matarme. No creo que haya otra salida.
LANG: ¡No! ¡Matarte no! Te suplico que no digas eso...
P.K.: *(A Lang.)* De verdad no puede verla sufrir. No lo tolera. Y

entonces empieza a pensar en algo que, al mismo tiempo, rechaza... No se apure. Tómese su tiempo antes de hablar.

En el silencio se oye el llanto de Thea.

LANG: Quizás haya una manera de salvarte...

Siilencio. Por un instante, Thea deja de llorar y lo mira.

THEA: ¿Cuál?

Silencio.

LANG: Perderme.
THEA: ¿Qué estás diciendo?
P.K.: Largo silencio.
LANG: Puedo dejarte mucho dinero.
THEA: ¿Mucho dinero? ¿De qué estás hablando?

Silencio.

LANG: Ofrecen una recompensa muy grande por el monstruo, por el vampiro sediento de sangre...
THEA: No entiendo.
P.K.: No quiere entender.
LANG: No tienen evidencia. No podrían atribuirme esos crímenes. Sólo pueden acusarme de violación...
THEA: Me estás volviendo loca.
LANG: Es simple.
THEA: ¿Me estás ofreciendo sacrificarte por mí?
LANG: ¿Sacrificarme...?
THEA: Aparecer como ese monstruo para...

Silencio.

LANG: Aparecer como lo que soy...
P.K.: Ya no es posible seguir ignorando...

THEA: ¿Qué me estás diciendo?

Silencio.

LANG: Que yo soy ése que llaman el vampiro de Düsseldorf...

Silencio.

THEA: *(Gritando.)* ¡No es cierto! ¡No puede ser cierto!
P.K.: Es insoportable mirarse en ese espejo.

Thea cae a los pies de su marido, se abraza a sus rodillas.

THEA: Decime que no. Te lo suplico...
LANG: *(Haciendo que ella se incorpore.)* Mírame.
P.K.: Mírelo a los ojos.
THEA: No. *(Pausa.)* ¿Cómo pudiste, Dios mío, cómo pudiste?
   Todas esas criaturas...
LANG: ¡Odiame! ¡Sentí el odio subir desde el bajo vientre como
   un fuego que no se puede parar! ¡Odiame como yo odio a
   los hombres! ¡A todos los que me humillaron y me jodieron!
   ¡Al borracho hijo de puta de mi padre que disfrutaba gol-
   peándome hasta hacerme sangrar! ¡A los que me torturaron
   en la cárcel! ¡Odiame, te digo!
THEA: Criaturas inocentes...
LANG: ¡No hay inocencia en el mundo!
P.K.: No puede haberla.
LANG: Sólo un odio inmenso, devorador, apocalíptico.
P.K.: *(A Thea.)* Está exhausta. En su cabeza empiezan a apare-
   cer imágenes, hilachas de sospechas que en algún momento
   tuvo y rechazó. *(A Lang.)* Está hecho. Tiene que obligarla a
   denunciarlo.
THEA: ¡No! ¡No me pidas eso! ¡Jamás voy a denunciarte!
LANG: Puedo contarte cómo disfruté asesinando a esas criaturas.

Thea se tapa los oídos para no oír pero entonces Lang grita.

LANG: Una tenía sólo cinco años.

THEA: *(Gritando también.)* ¡Basta, basta! ¡Te van a matar! ¿No entendés que te van a matar?

LANG: Quiero que cobres ese dinero, que no tengas que pasar hambre.

THEA: No quiero que te maten.

LANG: Denunciame.

THEA: No.

P.K.: *(A Lang.)* Háblele del asilo de donde deberá huir cuando los demás sepan quién es, con quién compartió la cama; dígale cómo van a perseguirla y humillarla cuando la reconozcan en esa misma calle donde deberá pasar sus últimos años; cuéntele cómo deberá revolver la basura disputándole las sobras a los perros hambrientos y a las ratas para poder llevarse algo a la boca...

THEA: No quiero morirme en la calle.

P.K.: Dígale que imagine el frío atravesando como cuchillos los harapos para hundirse en la carne flaca, triste. Hágala sentir el espesor de la nieve que congela los pies envueltos en trapos...

THEA: Tengo tanto miedo por mí.

P.K.: No hay inocencia posible.

LANG: No hace falta tener miedo. Sólo se trata de ir a la policía y contar lo que sabés.

Thea se abraza a Lang.

THEA: No puedo traicionarte.

P.K.: Claro que puede.

LANG: No me estás traicionando, estás haciendo el bien.

P.K.: ¿El bien?

THEA: ¿El bien?

LANG: Te ruego que me denuncies para pagar algo de lo que te hice sufrir.

Thea y Lang se abrazan y durante algunos segundos permanecen unidos.

P.K.: Una conmovedora escena de amor conyugal. Ahora hay que separarse.

LANG: Adiós.

THEA: Adiós.

Thea empieza a salir de escena. De pronto se vuelve hacia él.

THEA: ¡No puedo! ¡No voy a denunciarte!

P.K.: Manténgase firme.

LANG: ¡Adiós!

Thea amaga salir. P.K. la sujeta del brazo.

P.K.: Suficiente. *(Pausa.)* Ahora necesito saber.

LANG: ¿Qué?

P.K.: *(A Lang.)* ¿Por qué confiesa? ¿Usted cree que verdaderamente él amaba a su mujer?

Silencio.

LANG: A su manera, la amaba. *(Pausa.)* En todo caso, se sacrificó por ella...

P.K.: Cuando estaba en la cárcel, ya condenado a muerte, se desdijo de la confesión. Negó ser el vampiro de Düsseldorf.

LANG: En ese momento, la mujer seguramente ya había cobrado la recompensa.

P.K.: Así debió suceder. *(Pausa. Luego, dirigiéndose a Thea.)* ¿Y ella, lo amaba?

LANG: Se quería más a sí misma.

THEA: *(Mientras se quita la ropa con la que representó a la señora Kütner.)* ¿No es así como debe ser?

Silencio.

P.K.: ¿Ella era de verdad inocente? ¿Realmente ignoraba todo sobre las actividades criminales del hombre que dormía a su lado? ¿O era su cómplice en el silencio?

LANG: Se benefició de esas muertes. ¿Qué duda cabe?

P.K.: Entonces, de alguna manera, también ella era culpable ¿no creen?

LANG: Tal vez.

Silencio.

LANG: Necesito saber qué son esas manchas de sangre en su ropa y dónde está el negativo de la película que usted dice tener.

P.K.: El negativo...

De un golpe seco, abren la puerta del coche cama y el Guarda introduce al Ministro de Educación y Propaganda. P.K. se refugia en la litera.

LANG: Dígame dónde...

GUARDA: Su excelencia, el Ministro de Educación y Propaganda, doctor Goebbels.

Thea aprovecha para escabullirse con su amante. Lang, en bata, se siente desnudo frente al Ministro.

GOEBBELS: Querido señor Lang, Hemos venido a manifestarle nuestra admiración por la manera detallada y fascinante en que *El testamento del doctor Mabuse* presenta actos criminales contra la sociedad. *(Pausa.)* Pero también debemos decirle que lo que nos maravilla de la película es lo mismo que nos lleva a decidir su prohibición. *(Pausa.)* Permítanos aclararle que **nosotros creemos firmemente que la política no debe inmiscuirse en las funciones intrínsecas del arte. Sólo que el Estado ha de regular su esplendoroso comienzo y su compromiso incondicional...** Quizás usted se sorprenda pero estamos seguros de que la asombrosa realidad con que se muestran en el film los actos criminales puede inspirar ataques contra las vidas y la propiedad y acciones terroristas contra el Estado. Sin duda es una prueba del poder del cine el mostrar cómo un grupo de hombres decididos a todo está en condiciones de derrocar por la fuerza bruta al gobierno que sea. *(Pausa.)* Espero que comprenda entonces que la prohibición es una medida tendiente a proteger la tranquilidad y seguridad públicas... *(Pausa.)* De todos modos, vamos a olvidarnos rápidamente de una película que, por otra parte, ya no existe.

LANG: ¿No existe?

GOEBBELS: Lamentamos comunicarle que nos hemos visto obligados a quemar el negativo.

Silencio.

GOEBBELS: Lo que, en cambio, no podemos olvidar es la maravillosa *Metrópolis* de la que también usted es autor. Esas imágenes grandiosas, monumentales, el espléndido mensaje que deja: la reconciliación posible entre un cerebro creativo y las manos que trabajan. ¡Ese es el mensaje para una Alemania que se está poniendo de pie! ¡Ese es el mensaje que queremos que usted transmita al mundo con su cine!

LANG: ¿Yo?

GOEBBELS: Claro. Queremos que sea usted el líder del nuevo cine alemán. No se le escapará que **los responsables de moldear las actitudes de un pueblo en el ámbito político tienen que hacer lo posible por encauzar sus facultades artísticas recurriendo incluso a métodos contundentes.** *(Pausa.)* Le proponemos que sea usted quien como Director de la Cámara de Cinematografía establezca las nuevas pautas que todos deberán seguir. ¿Qué dice?

LANG: Me siento realmente halagado pero...

GOEBBELS: Hemos convocado a todos los productores de cine a una reunión...

LANG: ...pero no creo que yo les convenga.

GOEBBELS: ¿Qué le hace pensar eso?

Silencio.

LANG: Debo admitir que tengo ascendencia judía.

GOEBBELS: Ya lo sabíamos.

LANG: ¿Entonces?

GOEBBELS: Somos nosotros los que vamos a decidir quién es judío y quién no lo es. ¿Está claro, señor Lang? *(Pausa.)* Le decía que hemos citado a una reunión de productores y que tenemos la impresión de que todos están decididos a colaborar. Desde el Ministerio de Educación y Propaganda, queremos dejar en claro la importancia que tiene para nosotros el cine como medio de expresión. Y es nuestro deseo que usted presida la reunión para poner en evidencia el poder que ejercerá en nombre de Alemania. Descartamos que contaremos con usted.

Silencio.

LANG: Le pido, por favor, que me dé unas horas para reflexionar. Como sabe, soy un cineasta y no un administrador de modo que...

GOEBBELS: Lo hará muy bien. Estamos seguros.

THEA: *(Entrando.)* Claro que sí.

GOEBBELS: *(Le besa la mano.)* Señora, es un placer saludarla. Permítame decirle cuánto admiro su antología *La mujer y las guerras* y también *La patria bien amada*, son obras que han ejercido una gran influencia sobre mí y sobre otros políticos de mi generación.

THEA: Le agradezco sus palabras, señor Ministro.

GOEBBELS: *(Despidiéndose.)* Señores, nos vemos pronto.

THEA: Muy pronto, señor Ministro.

LANG: Lo acompaño.

GOEBBELS: No se moleste, conozco la salida.

Sale Goebbels.

THEA: *(Echándose en los brazos de Lang.)* Querido, querido mío, nos esperan grandes épocas. ¡Director de la Cámara de Cinematografia! ¿Te das cuenta de lo que eso significa? ¡Formaremos parte del poderío de la nueva Alemania!

LANG: Necesito saber si realmente quemaron el negativo de *Mabuse.*

THEA: ¿Qué importancia puede tener eso frente al futuro que se abre ante nosotros?

LANG: ¿Nosotros?

THEA: Ahora todo será distinto, podemos volver a empezar.

LANG: Criminales. Lo que no toleran de *Mabuse* es que resulta un espejo en el que se miran.

THEA: *Mabuse* ya no existe. ¿O no escuchaste las palabras del Ministro?

P.K se descuelga de la litera y, nuevamente, se apodera del bolso.

P.K.: Aquí tengo el negativo.

LANG: Déjeme ver.

THEA: Eso no es posible. El negativo fue quemado.

P.K.: Es verdad que un negativo fue quemado pero no el de *Mabuse* sino el de *Alemania herida.* Yo los cambié.

THEA: No es verdad.

LANG: *(Sacando una de las latas de película del bolso.)* ¡Gracias a Dios! ¡Es el negativo de *Mabuse!*

P.K.: *(A Thea.)* Ya lo va a ver. Dirán que *Alemania herida* salió de programación por problemas técnicos. Jamás admitirán que la quemaron por error.

LANG: Dígame si fue usted quien mató al sereno.

P.K.: Ya le dije que no. ¿Por qué no me cree?

LANG: ¿Y las manchas de sangre en su ropa?

P.K.: Todo parece condenarme ¿verdad? Y sin embargo... Alguien entró a robar antes que yo y asesinó al sereno. En la oscuridad, resbalé con la sangre y caí al piso.

LANG: Tengo que marcharme ya mismo.

THEA: ¿Qué decís?

LANG: Tengo que irme antes de la fecha de esa reunión que quieren que presida.

THEA: ¿Vas a tirar a los perros la posibilidad de una carrera brillante?

LANG: No voy a convertirme en el funcionario de una banda de criminales.

THEA: ¿Adónde vas a ir? ¿No te das cuenta de que no van a dejarte salir de Alemania?

LANG: ¡Dios mío! ¡El banco ya cerró! ¡No tengo dinero!

Lang ahora mira con avidez el collar de perlas y la pulsera de brillantes que Thea usa como adorno.

LANG: Dame tus joyas, Thea.
THEA: Jamás.

P.K. desaparece en la litera.

LANG: Thea, dame las joyas.
THEA: Antes muerta.
LANG: No estoy jugando.

Lang avanza sobre Thea que intenta escapar. La sujeta por los brazos, forcejean, luchan. Finalmente, él le aprieta el cuello, ella cae al suelo. Lang le arranca el collar y la pulsera. Luego, como si recién ahí se diera cuenta de lo que ha sucedido, la ausculta y trata de reanimarla.

LANG: ¡Dios mío, está muerta! ¡Yo la maté!

Entra violentamente el Guarda.

GUARDA: Como a su primera mujer.
LANG: No, no es cierto. Ella se suicidó.
GUARDA: ¿En qué circunstancias, querido señor Lang? ¿Acaso la muy desdichada no lo encontró a usted en brazos de la que entonces era su amante, la señora Von Harbou, la misma cuyo cadáver estamos viendo ahora aquí? ¿Y no fue esa visión de su infidelidad la que empujó a su pobre

mujer al abismo de la depresión?

LANG: Yo no la maté.

GUARDA: La dejó morir.

LANG: Eso no es verdad.

GUARDA: Ella se cortó las venas para que usted le demostrara
su amor y la salvara pero en cambio...

LANG: Cuando llegué, ya estaba muerta.

GUARDA: Cuando llegó después de una noche de lujuria en
brazos de su amante, su mujer todavía estaba viva pero
usted no la socorrió.

LANG: Eso es mentira.

GUARDA: Esos fueron los rumores. Poco después se casaba
con la señora Von Harbou cuyo cadáver vemos ahora aquí.
Se lo dije señor Lang, un hombre que piensa como usted
es un culpable en potencia.

A lo lejos vuelve a oírse el silbato de un tren.

LANG: Tengo que irme.

GUARDA: Lo entregaremos a la justicia del pueblo.

LANG: Quiero que me juzgue un tribunal, dentro del marco de
la ley.

GUARDA: ¿De qué ley me habla, querido señor Lang? *(Pausa
larga.)* Aunque pensándolo bien, hay una manera de que
usted evite el castigo que merece por estas muertes.

Silencio.

LANG: ¿Cuál es esa manera?

GUARDA: Que acepte ahora mismo el cargo de Director de la
Cámara de Cinematografía.

Silencio.

LANG: Está bien.

GUARDA: ¿Está bien qué?

LANG: Acepto el cargo de Director de la Cámara de Cinematografía.

Como movida por un resorte, Thea se incorpora.

THEA: ¡Querido, qué espléndida decisión! Sabía que en el fondo, casi en silencio, estabas de acuerdo con nosotros.
LANG: ¿Nosotros?

Llega Goebbels.

GOEBBELS: ¡Congratulaciones! He sido informado de su consentimiento. En unas horas tendrá lugar la reunión que usted presidirá. Espero que haya preparado su discurso.

Como si otro se posesionara de él, Lang empieza a declamar.

LANG: **El papel del arte no es revolcarse con fruición en la inmundicia, su misión nunca será reproducir la descomposición, dibujar cretinos para simbolizar la maternidad, pintar jorobados subnormales para representar la fuerza viril...**

Todos aplauden entusiasmados.

LANG: ¿Qué me pasa? ¡No puedo ser yo el que está diciendo esto!

Nuevamente como poseído.

LANG: **El cambio artístico debe ser símbolo del cambio político. Nosotros hemos vivido el impresionismo, la nueva objetividad y ahora hemos conquistado el reino de las imágenes nítidas.**
GOEBBELS: ¡El reino de las imágenes nítidas! ¡Qué bien expresado, señor Lang! ¡Ni el mismísimo Führer podría haberlo dicho con tal propiedad!
THEA: ¡Imágenes monumentales, cuerpos moldeados por el espíritu de Grecia...!
LANG: *(Interrumpiéndola y como poseído.)* **¡La belleza antes que**

la verdad...!

THEA: Lo sabía, Lang. Sabía que en el fondo pensabas como nosotros... Que llegaría el momento en que abandonarías el expresionismo.

LANG: ¡Jamás fui expresionista! Y por otra parte, el expresionismo no es más que un juego...

THEA: Es el espíritu de época el que habla por tu boca, querido. Nadie puede sustraerse al espíritu de época.

P.K.: *(Desde la litera.)* Se lo dije: no hay inocencia posible. Todos somos culpables.

GOEBBELS: Nos alegra que, finalmente,   haya comprendido que el artista de hoy ya no quiere ser libre sino servir con sus obras a una idea, un Estado, una Iglesia, una comunidad...

Ahora el Guarda se apodera del bolso del cual se había extraído el negativo de la película El testamento del doctor Mabuse.

GUARDA: ¡Lo sabía! ¡Sabía que él era culpable! ¿Imaginan lo que hay aquí?

Silencio.

LANG: El negativo de una película.

GOEBBELS: ¿De qué película?

THEA: De *El testamento del doctor Mabuse.*

GOEBBELS: ¿Qué está diciendo? Debe de ser una broma ¿verdad? Porque ese negativo fue destruido.

GUARDA: Acá no hay ningún negativo. Acá hay dinero. El dinero que robaron de la productora de Haunuberger.

LANG: Eso no es posible.

GUARDA: Véanlo con sus propios ojos.

THEA: Dios mío, Lang ¿qué hiciste?

LANG: ¡No robé ningún dinero!

GUARDA: ¿Está seguro? ¿Por qué no se fija en el diario ése en el que anota todo lo que hace?

Silencio.

LANG: Lo tomé prestado...
GUARDA: ¿Lo tomó prestado? Cometió un crimen para eso.
LANG: ¡No! No tomé el dinero de la productora.
GUARDA: ¿Y cuál entonces?
LANG: El de mi mayordomo.
GUARDA: ¿Le robó el dinero a su mayordomo?
LANG: Los bancos habían cerrado. Lo tomé prestado. Lo mismo
    que las joyas de Lili.
THEA: ¡Juraste que no volverías a verla!
GUARDA: ¿Le pidió el dinero a su mayordomo?
LANG: No pude.
GUARDA: ¿Entonces?
LANG: Sólo alcancé a tomar de casa el dinero del mayordomo y
    la estatuilla africana, mi preferida. Tuve que marcharme
    de apuro.
GUARDA: ¿Por qué?

Silencio.

GOEBBELS: Me temo francamente que todo esto es una con-
    ducta muy irregular para el Director de la Cámara de
    Cinematografía Nacional Socialista.
THEA: No se preocupe, doctor. Yo estaría encantada de aceptar
    el cargo. Y quiero hacerle saber que no tengo ascendencia
    judía.
GOEBBELS: ¡Señora, es un honor para nosotros!
THEA: Veremos quién se atreve a hablar ahora de mi sentimen-
    talismo ampuloso.

*Thea se sienta en las rodillas de Goebbels e inicia con él un
juego erótico.*

LANG: ¿Por qué con él? Está muy lejos de ser un modelo griego.
    No es más que un alfeñique.
THEA: Ya deberías saber, mi querido, que nada engrandece tanto

a un hombre como el ejercicio del poder...

GUARDA: *(A Goebbels y refiriéndose a Lang.)* ¿Qué hacemos con él?

GOEBBELS: El procedimiento habitual.

Aparece P.K.

LANG: ¡Usted!

P.K.: También yo me he mirado en el espejo y he visto el rostro del demonio.

GUARDA: ¡Vamos!

El Guarda y P.K. toman a Lang, que intenta resistirse, por los brazos y las piernas.

THEA: ¡Un momento!

El Guarda y P.K. miran a Goebbels que asiente. Ellos siguen sosteniendo a Lang por los brazos y las piernas.

THEA: Este es tu guión, Lang y, por lo tanto, te resulta fácil poner el mal en mí. Sin embargo, si te miraras en el espejo ¿estás seguro de que no verías en él el rostro de la complicidad? *(Pausa.)* Pensá en la mujer del vampiro... *(Pausa. Dirigiéndose al Guarda y a P.K.)* Procedan.

Ahora Thea abre la ventanilla para que los otros defenestren a Lang. Se oscurece la escena. Cuando vuelve a iluminarse, Lang está en el piso como si, dormido, se hubiera caído de la cucheta. Ya no lleva la bata sino la ropa de la escena inicial.
Se reincorpora y rápidamente toma de los escondites, las joyas y el dinero. Cuando está colocando el trozo de alfombra que ocultaba el dinero, entra nuevamente el Guarda.

GUARDA: Oí un ruido muy fuerte y pensé... ¿No fue su monóculo, verdad?

LANG: Me desperté en el suelo.

GUARDA: ¿Se lastimó?

LANG: No, no, estoy perfectamente bien.

GUARDA: Estamos llegando a París. *(Intenta tomar el bolso.)* Permítame que le ayude a bajar su equipaje.

LANG: ¡No!

El Guarda se sobresalta, suelta el bolso que cae y se estrella contra el piso.

LANG: ¡Ay, no!

GUARDA: Lo siento.

Lang se inclina, abre el bolso y saca de adentro un envoltorio. Lo palpa como tratando de comprobar que el contenido esté a salvo.

GUARDA: ¡Abralo, vamos, ábralo!

Con mucho cuidado, Lang desenvuelve el paquete y saca de adentro una estatuilla africana que representa a una mujer de grandes labios y senos.

LANG: ¡Por suerte, está intacta!

GUARDA: *(Desilusionado.)* ¡Conque era eso...!

LANG: ¿Y qué es lo que esperaba? ¿Acaso no le dije que era marchand?

GUARDA: ¿Marchand? ¿Y quién podría considerar eso como arte? *(Como poseído.)* **Subnormales y deformes, mujeres que sólo inspiran asco, hombres que parecen animales, niños que, de estar vivos, se considerarían malditos de Dios...**

LANG: Usted lo ha dicho: arte degenerado. Por eso, lo llevo fuera de la patria y se lo vendo muy caro a los franceses.

En la pantalla el tren se detiene en una estación. Se oye un anuncio en off.

VOZ EN OFF: ¡París!

GUARDA: Buena estadía, señor... ¿Cómo dijo que se llamaba?
LANG: Mabuse.
GUARDA: ¿Se quedará mucho tiempo en París, señor Mabuse?

Silencio.
LANG: Depende...
GUARDA: ¿De qué?
LANG: De los negocios, claro.
GUARDA: ¡Ah! Comprendo. Hasta pronto, entonces.

Silencio.

LANG: Adiós.

Lang toma el bolso y sale. La escena se oscurece.
En la pantalla se proyecta una leyenda que, con el mismo tipo de
letra usada en las películas de Fritz Lang, dice: " Después de su
prohibición por el gobierno nazi, la copia de seguridad de El testamento del doctor Mabuse *de Fritz Lang fue sacada*
clandestinamente de Alemania por su productor. Lang que había
huido a París la misma tarde de la entrevista con Goebbels,
recién pudo verla proyectada en 1942."
Oscuro final.

NOTA:

Los textos en negrita están tomados de discursos de Hitler, de
Goebbels y de Winfried Wendland, responsable del Departamento
de Política Cultural Nazi.

ÍNDICE

Este libro se terminó de imprimir en
ARTES GRAFICAS en julio del 2006
Pcia. de Buenos Aires - Argentina - Cel.: 15-4086-4059
E-mail: emartesgraficas@hotmail.com